늦었다고 포기하기에
오십은 너무 젊다

신윤순 지음

늦었다고
포기하기에
오십은
너무 젊다

신윤순 지음

어썸그레이
AWESOMEGREY

오십에도,
처음부터 다시 시작할 시간이
충분히 남아 있다

#1

"이모 또 책 내셨네요."

"그래, 죽는 줄 알았다. 집필 여독으로 몸이 말이 아니야."

"이제 일 그만하시고 쉬세요."

"뭐 하면서 쉴까?"

"그냥 놀고, 여행도 다니고 하셔야죠."

#2

"아들, 회사생활은 어떠셔요?"

"삼십대까지만 회사생활하고 사십대엔 저도 제 사업 해야죠."

"왜?"

"직장 다녀서는 돈 모으기 힘들고, 사십대에 돈 못 벌면 기회 없어요. 평생 살아갈 돈 벌어놔야죠."
"조금씩 저축하고 경쟁력 키워서 직장생활 오랫동안 잘 하면 안 돼?"
"오십 넘어서도 돈 벌려고 직장생활하면 비참해요."

#3

"여보, 철이는 삼십대까지만 직장생활하고 사십대에 자기 사업하고 오십대부터는 놀면서 취미생활하는 삶을 산대요."
"미친 놈. 직장생활이나 잘 버티어내면 다행이지."

막 사십을 넘긴 조카의 음성에선, 이모 나이에는 쉬면서 여행 다니는 삶을 살겠다는 의지와 좀 쉬고 싶다는 피곤함이 함께 묻어났다. 수저를 놓고 일어서는 아들에게서는 '지금 힘들고 짜증나요, 사업가의 꿈으로 버티고 있어요.' 하는 삼십 청춘의 아픔이 전해왔다. '미. 친. 놈.' 투박하게 던지는 남편의 한마디에는 아버지처럼 살지 않기를 바라는 간절함과 후회의 한이 묻어 있었다.

'오늘은 또 무얼 하지?'
아침에 눈을 떴는데 그날 할 일이 없다는 것이 얼마나 두려운지, 매달 입금되던 급여가 없는 삶이 얼마나 막막한지, 그냥 노는 것이 얼마나 사람을 힘들게 하는지 너는 모른다. 나도 내 사업하면 먹고살 돈쯤은 쉽게 벌 수 있을 줄 알았다. 제발 지금의 네 바람처럼 꼭 그렇게 단단히 잘 살아주라. 아들에게 이런 말을 하고 싶었을지 모른다.

A기업 신입사원 교육을 할 때였다. 제약회사 영업 담당 직원들이라 연수기간 중 하루는 세일즈 교육을 받았다. 이십대 후반에서 삼십대 초반의 남성이 오십 명 정도였는데, 요즘 젊은 세대는 유전자가 바뀐 것 같다. 모두 너무 훈남이라 조금은 설레기도, 그 젊음이 부럽기도 했다.

"저는 여러분과 함께하는 시간이 설레고, 강사료 받지 않아도 오늘 하루 행복할 것 같은데, 혹시 여러분도 타임머신이 있다고 가정하면 돌아가고 싶은 시절이 있나요?"

그러자 여기저기서 손을 번쩍 들었다. 대부분 십대로 돌아가고 싶다고 하는데 "저는 유치원 시절요!" 하고 대답하는 이가 있었다. 왜 하필 유치원 시절이냐고 묻자, "인간성부터 새로 개조하고 싶다."고 답해 강의실에 웃음이 터지기도 했다. 십대로 돌아가고 싶다는 사람이 사십여 명이나 되어, 그때로 돌아가면 무엇을 가장 하고 싶은지 물었다.

"미친 듯이 오로지 공부요."

"왜요?"

"중고등학교 6년 동안 오로지 공부에 전념하는 게 꿈을 이룰 수 있는 가장 쉬운 방법인데, 그땐 그걸 몰랐어요."

"전 운동이요. 부모님이 아무리 반대해도 정말 열심히 해보고 싶어요. 평생 후회하면서 살고 싶지 않아서요."

세일즈 노하우를 강의할 때는 표정 없이 앉아 있던 그들의 눈빛, 표정이 반짝반짝 빛났다.

다음 날, B기업의 삼사십대 여성 매니저 세일즈 코칭 교육이 있어 같은 질문을 해보았다. 대부분 이십대로 돌아가고 싶다고 답했고, 멋진 남자들과 연애를 다시 하고 싶다고 했다.

"배낭 메고 세계여행하면서 멋진 이탈리아 남자도 만나고, 섹시한 프랑스 남자도 만나고, 진취적인 미국 남자도 만나보고 싶어요. 꼭 한국 남자와 결혼할 필요가 있을까요."

한 교육생은 10년 전 12월 24일 저녁 9시로 돌아가고 싶다고 시간까지 정확히 말해 이유를 물으니, '그날 지금 남편과 첫 키스를 했는데, 제발 되돌려놓고 싶기 때문'이라고 답했다. "아, 우리 여성들은 굳이 십대로 돌아가 미친 듯이 다시 공부하지 않아도 지금의 남편만 바꾸면 새로운 삶을 살아보겠군요." 하자 모두 박수까지 치며 웃어 댔다.

오후에는 관리자 대상 세일즈 성과 리더십 교육이 이어졌다.

오전 교육생들의 이야기를 하며 같은 질문을 다시 해보았다. 답하는 이가 아무도 없었다.

"오전과 달리 손을 드는 분도 없고, 눈빛이 반짝이지도 않고, 웃지도 않고, 심각한 표정들이시네요? 그럼 우린 오십씩이나 되었으니 과거가 아닌 미래로 가볼까요. 100세가 된 내가 지금 이 순간의 나를 본다면 무슨 말을 할까요?"

잠시 이어지는 침묵을 뚫고 누군가 한마디를 던졌다.

"아직은 젊어. 그 나이엔 뭐든 다시 시작할 수 있어."

중간 자리에서 또 다른 목소리가 들렸다.

"100세인 너를 위해 무언가를 해줄 수 있는 사람은 자식도 배우자도 아닌 오직 지금의 너밖에 없다는 거, 꼭 기억해."

강의실 온도가 서늘해졌지만 눈빛에는 새로운 의지가 담겼다. 과거로 돌아가지 않아도, 지금부터 시작해도 충분한 시간이 있고 다른 누구를 위해서가 아니라 미래의 자신을 위해서라는 것을 함께 확인했다.

: 살아온 날만큼 살아갈 날을 잘 준비하기 위해

나는 서른둘에 금융회사 계약직으로 직장생활을 시작했다. 돌아보면 참 독하고 치열한 시간이었다. 초등학생 아들의 엄마로, 시어머니를 모시고 사는 며느리로, 사업가 남편 뒷바라지하는 아내로, 방송통신대 학생으로, 매년 한 호봉씩 특진을 거듭하는 커리어 우먼으로 살아냈다. 타임머신을 타고 돌아가도 그보다 더 열심히 살 순 없다 싶을 만큼 살아냈고, 그 순간들은 내 생에 가장 성실하게 보낸 시간이었다.

마흔넷에 교육 컨설턴트 프리랜서로 인생 2막을 시작했다. 직장에서 여성으로는 유일한 업무부서 팀장이었고, 모두들 최초의 여성 임원 감으로 독려했고, 업계에서 유일하게 자기 계발서를 출간하여 신문, 방송에서 화제의 인물로 떠오르고 있을 때였다. 어느 정도 준비가 된 상태에서 창업을 한 탓에 휴식기 없이 바로 많은 기업에서 세미나 요청이 이어졌고 하루에 100여 명, 한 달에 2천여 명, 일 년이면 2만여 명의 삶과 마주할 수 있었다. 누군가의 삶에 영향을 미치고 내 삶도 동기부여 받을 수 있어 가슴 벅찬 보람을 느낄 수 있었고, 경제적 여유 또한 갖게 되었다. 삼사십 대에 성실하게 보낸 시간을 열 배로 보상받은, 내 생에 가장 빛나는 시간이었다.

장미꽃이 흐드러지게 핀 아파트 테라스에서 숯불에 고기 구워 와인을 곁들이는 주말 저녁이면, 해 뜨는 아침을 맞으며 테라스에서 커피를 마시는 날이면, 수도권 농가 텃밭에서 손녀의 이유식 먹거리 농사를 지으며 신바람 나 있는 남편을 바라볼 때면, 나를 칭찬해주게 된다. 대출 낀 작은 아파트 한 채에 마이너스 통장을 들고 겁 없이 사표 낸 사십대의 내가 참 대견하고 고맙다. 이 남자만 아니면 내 삶이 더 나아질 것 같다는 생각을 밀어내며 치열하게 살아낸 삼십대의 내게 잘 참아내줘서 고맙다고 칭찬해주게 된다. 할아버지를 너무 좋아하는 손녀를 보면 더욱 그렇다. '이 남자여서, 이 여자여서 우리의 삶은 좋았다'는 마무리를 할 수 있는 시간이 아직 남아 있어 참 다행이다.

삼십대의 성실했던 경험만으로 사십대에 인생 2막을 시작해 빛나는 오십대를 보냈고 내 생에 가장 눈이 부시게 아름다운 60대를 보내면서, 오십에도 처음부터 다시 시작할 시간이 충분히 남아 있다는 깨달음을 얻었다. 삼십대, 사십대 독자라면 두 번의 삶이 더 남아 있고 오십대, 육십대 독자라면 살아온 만큼의 시간이 더 남아 있다.

지금부터는 오롯이 내 의지로 나만을 위해 살아볼 수 있어 더 귀한 시간을 두근거리는 설렘으로 설계하는 시간을 가져보면 어떨까. 내가 살아낸 시간들이, 내가 마주한 사람들의 성공한, 실패한 경험들이 여러분의 인생 설계에 조금이나마 도움을 줄 수 있기를 소망해본다.

눈이 부시게 아름다운 오늘을 선물해준 지난날의 나에게 칭찬을 보내며, 나와 같은 사십대에 '나답게 멋지게 나이 드

는 법'을 많은 독자와 공유하기 위해 어썸그레이 출판사를
창업한 신현숙 대표께도 응원과 감사를 드린다. 이 책을 손
에 쥔 독자 여러분 모두 흐드러지게 피는 장미꽃처럼 빛나는
오십대를 선물받게 되기를 진심으로 응원하며.

신윤순

프롤로그

오십에도, 처음부터 다시 시작할
시간이 충분히 남아 있다   5

  살아온 모든 날이
나의 경쟁력이다

그만둘 결심   19
본사 교육팀장으로 처음 출근하던 날   22
청춘의 열정은 때로 스스로를 고립시킨다   25
초보 팀장의 고집   30
스페셜한 것만으론 좋은 리더가 될 수 없다   35
IMF & I am fighting!   39
나의 경쟁력은 뭘까   46
인생 2막을 열어준 암묵지의 자기계발서   49
자신감, 혹독한 성실성으로 베팅하다   57

2막

꽃길을 버리고
세상 밖으로 나오다

나의 창업 자본금	65
회사 밖은 정글	70
오늘의 작은 실천이 만들어준 독립 경쟁력	76
누구도 내 성공의 정답을 줄 수는 없다	83
창업하고 나서야 눈에 들어오는 비용	87
대세에 떠밀리지 말고 먼저 올라타라	93
경력자의 이직 기준	100
지나고 나면 그리움이 되는 직장생활의 갈등과 경쟁	107
프리랜서로 산다는 것	115
기회는 고민을 해야 보이고, 움직여야 잡을 수 있다	120
사업을 확장할 때도 창업할 때의 초심이 필요하다	125
어느 순간은 용기 내어 결단을 내려야 한다	129
'저런 싸가지' 세대와 '걸친 세대'의 아슬아슬한 비즈니스	139
백 번의 격려보다 한 번의 스킨십	150
노하우라는 옷을 입은 게으름에 대하여	158
나의 가치를 오롯이 인정받기 위한 가장 효과적인 수단	165

3막 다시 출발선에 선 오십에게

은퇴한 남편에게 주는 안식년 휴가   175

구멍가게라도 가족과 함께 비전을 공유해야 성공한다   184

천천히 해도 절대 안 늦는다, 오히려 안전한 길   191

갑자기 큰돈이 보이면 일단 의심해본다   198

남편과 환상의 벗으로 지내는 트레이닝   203

저만큼 떨어져 있는 아빠와 아들 보듬기   211

엄마와 함께한 마지막 여행   216

맛있는 음식은 누구에게나 통한다   222

포근하고 안락한 보금자리를 향한 여정   227

은퇴 후에도 살아갈 집은 어디가 좋을까   235

어떤 흔적을 남길 것인가   245

나는 오늘 한 분의 삶에 확실한 영향을 미쳤다   258

아프면 나만 손해   264

엄마 아빠처럼 나이 들어도 참 괜찮겠다는 유산   269

건강, 돈, 사람   276

에필로그

오늘 이 시간의 행복   282

1막

살아온 모든 날이
나의 경쟁력이다

이삼십대의 직장생활은 급여에 한정해 가치를 평
가할 수 없다. 돈으로 사회생활의 경쟁력을 살 수
없기 때문이고, 열혈 청춘으로 치열하게 버티어낸
직장생활의 경쟁력은 성공적인 독립의 자산이 되
기 때문이다.

그만둘 결심

간단한 서식에 몇 자를 채워 넣는 달랑 한 장짜리 사표를 작성하는 데 사흘이 걸렸다. 여자 나이로 가장 좋다는 삼십대에 6개월 임시계약직 사원으로 입사하여 중년을 코앞에 둔 사십대 중반까지, 십 수 년을 직장이 전부인 세월을 보냈다. 그 세월을 달랑 한 장짜리 사표로 마감해버리면 그동안의 시간들이 모두 사라져버리고 내가 없어질 것 같은 두려움이 컸다.

사표를 쓰기로 마음먹은 때부터 나는 크게 나쁜 짓이라도 저지르는 사람처럼 가슴이 두근거렸다. 업무를 하고 직원들과 대화하고 점심도 먹지만, 영혼은 없고 몸체만 움직이는 기분이었다. 아무도 내가 무얼 하는지, 무슨 생각을 하는지 관심을 두지 않았을 텐데, 직원들과 눈이라도 마주치면 성급히 서랍에 사표를 밀어 넣었다. 모두들 퇴근하면 다시 사표를 꺼내 썼다 지우고, 구겨서 쓰레기통에 쑤셔 넣기를 여러 차례 반복했다.

혼자 그렇게 며칠간 끙끙대며 쓴 사표는 정작 담당 임원께 직접 드리지도 못했다. 주말 퇴근 시간 직전에 비서를 통해 전하고는, 누가 붙드는 것도 아닌데 서둘러 사무실을 나섰다. 누가 붙들어줄 것이라 기대하는 마음을 숨기려는 제스처였는지도 모른다.

퇴근 시간에 정확히 맞춰 퇴근한 건 입사 이래 그날이 처음이었다. 너무 이른 시간에 집으로 가는 것이 어색했다. 발걸음이 집으로 향해지지도 않았지만, 직장생활만 계속해와서 이럴 때 딱히 차 한 잔 함께 할 친구가 없었다. 학교 동창들과는 바쁜 척, 잘난 척, 연락 안 하고 지내다가 이제 와 갑자기 전화해서 만나자고 할 수도 없고, 회사 동료와 상사는 모두 남자여서 딱 직장 동료 그 이상은 아니었다. 평일 주말 할 것 없이 죽자고 회사에 매달려 대단한 출세녀인 양 굴다가, 사표 냈다고 남편을 불러낼 수도 없어 멀쩡한 핸드폰 폴더만 튕겨 댔다.

딱 떨어지는 44 사이즈 네이비 컬러 정장 투피스에 하이힐을 신고, 목적지 없이 여의도 거리를 걷다가 버스 정류장에 섰다. 노래방에서 18번으로 불렀던 신형원의 '개똥벌레' 같은 모습으로, 먼저 온 버스를 타고 맨 뒷좌석 가장 끄트머리에 앉아 시간 여행을 했다.

본사 교육팀장으로
처음 출근하던 날

교육팀장이 되어 첫 출근하던 날의 아침을 아직도 잊을 수 없다. 발이 붕붕 허공을 날고 있는 기분이었다. 온 세상이 다 내 것 같고 머릿속이 몽롱하고 몸은 붕붕 허공에 뜨는 것 같은, 첫 키스의 기분과도 같았다. 아파트 승강기 안에서 마주친 이웃들에게 막 이야기하고 싶었다. 지하철에서 눈이 마주친 사람에게도 혼자 미소를 지어 보였다. 아마 서로 미소를 주고받았다면 그 기분을 말해버렸을지 모른다.
'저 6개월 계약직 사원으로 출발해서 오늘 본사 교육팀장으로 인사발령 받아 첫 출근해요. 저 너무 잘했죠!'
나도 모르게 말이 막 흘러나올 것 같아 입에 힘을 주었다. 그날 지하철 안에서 마주 앉은 한 젊은 남성이 계속 나를 바라보기에, 내가 아직은 매력이 있나 싶고, 젊은 남자에게 인색할 것 없다 싶어 미소를 연신 마주 지어 보였다. 그러고 회사에 도착해 화장을 고치려고 손거울을 보는 순간 헉! 거울 속 내 얼굴은 한쪽 눈썹만 진하게 그린 기이한 모습이었다. '그 젊은 남자는 내가 실성한 여자로 보여 눈을 떼지 못한 것이었구나.' 그날 맞은편에 앉은 사람들 모두에게 내가 약간 상해가는 여자로 보였을 것 같다. 하지만 그랬든 말든, 그날 아침은 내게 최고였다.

지점장 시절, 본사 업무팀장을 해보는 것이 비전이었다. 영업 분위기와는 사뭇 다른 정적인 업무 분위기가 부럽고, 회사 전체를 보고 영업을 기획하고 분석하고 방향을 제시하는 업무를 해봐야 영업을 총체적으로 이해할 수 있을 것 같았다. 나는 연초마다 인사 서류의 '희망 보직' 난에 교육팀을 적어 넣곤 했다. 그런 내게 박 과장이 물었다.

"지점장님, 교육팀에 가고 싶으세요?"
"왜, 박 과장이 보내줄래요?"
"감히 보내드릴 수는 없어도 방법은 알려드릴 수 있어요."
"어디 말해 봐요."
"영업을 못하세요. 한 분기 정도를 모두 '왜 저러지? 무슨 일이지?' 할 정도로 개판을 치세요. 그러면 아마 교육팀으로 빼

줄 거예요. 그런데 지점장님 성격에 그렇게 못 하시잖아요."

나와 달리 본사에서 근무해온 탓에 회사 사정을 훤히 내다보는 업무과장이 그렇게 말했다. 괜히 힘 빼지 말고 지점장 직책이나 열심히 수행하라는 말을 우회적으로 표현해준 것일 테다. 그런데 IMF 위기가 기회를 준 것인지, 정말 '꿈은 이루어진다'는 믿음이 통한 건지, 전임 교육팀장이 지점장도 아닌 점포장으로 발령이 나면서 그 빈자리로 내가 갈 수 있었다.

그러나 과거 급제 어사화를 두르고 첫 키스의 기분으로 입성한 본사 업무팀에서의 내 모습은 초라하고 왜소했다. 그곳은 외야 영업조직과는 분위기가 달랐다. 입사 선후배, 대학 선후배, 뜨는 해와 지는 해의 라인이 형성돼 있었고, 부서 이기주의도 있어 업무 이외에 은밀한 정치적 기류가 있었는데 IMF 시절이라 더 심했다. 이런 업무 조직의 속성에 대해서 나는 백치에 가까웠다. 게다가 여성인 탓에 선후배도 없고 동료조차 없어 무림에서 세력 없이 혼자 서 있는 당주의 처지와 같았다. 나의 영업 능력을 특별히 인정하는 임원들의 총애만 남달랐는데, 이것이 업무 영역을 만들고 리더십을 발휘하는 데는 오히려 방해 요인이 되었다.

교육팀장으로 출근하고 얼마 안 되어 담당 임원의 배려로 중앙대학교에서 산업교육을 이수하게 되었다. 원래는 교육 기획과장이 가려고 기획하여 결재를 올렸는데 임원께서 대상을 바꿔 결제했다. 업계의 교육팀장이나 과장들이 이수하는 인지도가 꽤 높던 과정이었으므로, 나에게 인맥도 넓히고 현장 경험을 이론으로 정립하는 계기를 만들라는 뜻이었다. 또 본사 근무 기회가 많지 않을 테니 특별히 혜택을 주는 차원이기도 했다.

그러고 한 달쯤 지났는데, 임원께서 월요 부서장 미팅에 나와 그동안 학습한 내용을 정리해서 프레젠테이션하라는 지시를 내렸다. 열심히 배우라는 독려이자 관련 부서 간 정보를 공유하라는 지시였다. 나는 주말을 꼬박 준비했다. 본사 근무 이후 처음으로, 그것도 부서장 미팅에서의 PT여서 긴장되었고, 회사의 배려로 유익한 내용을 잘 배우고 있다는 것도 보여드리기 위해 A4 용지 3장 분량의 자료를 만들어 PT 연습을 하고 또 했다. 회의 당일은 두 시간 일찍 출근해 자료를 다시 검토하고, 참석자 수만큼 복사해두고, 처음부터 PT 연습을 반복했다. 대단한 무림의 당주들 앞에서 개망신 당할 수 없다는 각오였다.

드디어 부서장 미팅 시간. 자료를 나눠 주고 PT를 막 시작하려는데 사장실에서 임원을 찾았다. 임원께서는 '계속 진행하고 결과를 보고하라'는 지시를 내리고 자리를 떴다. 그런데 임원이 자리를 뜨자 부서장들의 태도가 달라졌다.

"음…… 신 팀장, 스펠링이 좀 틀린 것 같네."

'기업교육의 효율성 제고와 향후 발전 방향'을 주제로 다루어 ON(online) 교육과 OSC(outsourcing) 교육서비스, OS(on service) 등을 약자로 표기하다 보니 일부 오탈자가 있었다. 그러나 이렇게 지적하는 분들은 그나마도 자료를 보는 경우였고, 다른 부서장들은 서로 농을 주고받으며 자료조차 볼 생각이 없었다.

"출근하면서 아내 잔소리 듣고 나왔는데, 출근해서는 신 팀
장 교육을 받겠네. 오늘은 여~ 세상이네."

이런 상황이니 굳이 계속할 필요가 없다 싶어 발표 자체를
멈췄다.

"부서장들께서는 자료만 보셔도 충분히 아실 내용이니 상무
님께는 잘 마쳤다고 보고드리겠습니다."

회의실을 나올 때까지 흥분하지 않으려고 입을 얼마나 악물
고 참았는지 혀가 다 불렸다. 내 성향을 잘 알고 있는 부서장
한 분이 성급히 따라 나오며 위로했다.

"신 팀장, 발표 안 한 거 잘했어요. 나라도 하고 싶지 않았을
거예요. 남자들의 좁은 속성이려니 하고 이해해요."

내가 염려되어 뒤따라온 것인데, 나는 그 마음을 있는 그대
로 받아들일 만한 여유도 없었다. '그 자리에서 한말씀 해주
시지 그러셨어요. 그리고 저는 회사 부서장 미팅에 참석했
지, 남녀 소개팅 자리에 참석한 게 아니라고요!' 하는 말이

목을 타고 올라왔지만, 억지로 환한 미소를 지었다.

"전 괜찮아요. 주말 내내 준비하면서 많이 배운 것으로 충분해요. 회사에서 학비 받아 배우고 미팅 발표 준비하면서 익히고, 너무 고마운 일이잖아요."

한 가닥 자존심이나마 지키려고 애썼지만 누구와도 점심 먹을 기분이 아니어서 약속이 있다고 하곤 나와서 강변을 거닐다 들어갔다. '자신의 가치는 스스로 만든다'는 가치관으로 열 배의 노력으로 업무팀장이 되었으면서, 정작 그 자리에 가서는 왜 스스로 자신을 왜소하게 만들었을까 하는 반성을 지금에서야 한다. 그때의 나는 무시당했다는 분한 마음만 앞섰지, 그분들의 자괴감과 시샘은 보지 못하고 배려하지도 못했다.

"부족한 '여자' 후배가 혹여 PT에서 실수하고 당황할까 큰 배려 해주셔서 감사합니다. 기회 주시면 더 열심히 공부해서 다음에 다시 발표하겠습니다. 대신에 오늘 점심은 제가 사겠습니다."

정말로 밝고 환한 미소로 이렇게 응수했다면 더 당당하고 빛나 보이지 않았을까. 열혈 청춘은 늘 흥분이 앞서고 여유가 부족해 스스로 고립되기도 한다. 서로 소통하고 함께해야 더 좋은 성과를 낼 수 있는 조직에서의 고립은, 그토록 원하는 업무 보직을 받은 지 채 한 달도 안 되어 '정말 회사가 전부일까?' 하는 갈등을 시작하게 만들었다.

초보 팀장의 고집

"부장님, 담당 업무가 같은 여사원이 단지 나이가 많고 회사를 오래 다녔다는 경력만으로 리더십을 발휘하기는 어렵습니다. 요즘 20대는 예전과 달라 선배가 업무 미팅 끝나고 회식 있다고 통보해도, 개인 약속 있다고 미안한 기색 없이 가버리는 시대예요. 그러니까 경력직 여사원 대상의 리더십 교육은 오히려 독이 될 수도 있어요."

"누가 교육에서 독을 다루라고 했던가요?"

"제 얘기는, 교육을 받은 후에도 직책이나 역할이 똑같은데, 리더십을 발휘해야 한다는 의지를 갖게 되면 오히려 불협화음이 생길 수 있다는 의미예요."

급여 효율이 떨어지는 고참 여사원 문제가 거론됐다. 대졸 사원보다 급여가 높은 삼십대 전후의 여사원이 많다는 데이터를 인사부서에서 만들었고, 노조원이라 구조조정이 어려우니 교육으로 풀어보자는 안을 누군가 낸 듯했다.

나는 교육만 한다고 리더십을 발휘할 수 없으니 보직 변경을 가능하게 하든지, 대졸 사원 급으로(고졸은 6급, 대졸은 5급) 진급을 가능하게 하든지, 여건도 함께 조성되어야 한다는 고집을 혼자 부렸다. 자신들의 처지를 일깨워 '치사하고 더러워서 내가 사표 내고 말지' 하는 마음을 부추겨보라는 의중을 몰랐던 것은 아니다. 팀장이면 경영층의 마인드를 이해하고 자기 위치에 주어진 역할을 해야 하는 것도 맞다.

그런데 나는 같은 여성에 대한 동지애와 교육에 대한 초심 때문에 그대로 진행할 수 없어 임원께 삼고초려하여 '여사원 강사 양성 프로그램'으로 바꾸어 진행했다. 교육 이수 후에는 교육생들 가운데서 전산교육, 상품교육 등의 강사로 발탁하는 프로그램이다. 업무 전산화가 빠르게 진행되고 있었고, 현장에서도 상품 설계 등을 전산화할 때라 대졸 남성 교육 담당에 비해 전산 업무가 숙달된 여사원이 더 잘할 수 있었기 때문이었다. 더불어 여사원들에게 비전을 제시해 동기 부여하고, 회사 분위기에도 긍정적인 영향을 줄 수 있다는 안으로 수정됐다.

교육을 받으러 온 여사원들은 자신들이 왜 이번 교육에 오게 되었는지 잘 알고 있어 분위기가 침울했다. 3박 4일 프로그램을 진행하면서 연수원에 함께 머무는 동안 자신의 가치는 스스로 창조해 낸다는 비전을 동기부여하려 애썼다. 마지막 날 수료식에서 황진이를 예로 들었다.

"한국사에서 가장 아름다운 여성으로 황진이를 꼽는 것은 신분과 여건에 굴복하지 않고, 당당한 자존감으로 남성들마저 주눅 들게 했던 자신감 때문이에요. 우리도 회사에서 주눅 들지 않을 당당한 자신의 가치를 함께 만들어야 해요. 여러분은 할 수 있습니다.

막 입사한 이십대 후배들과 미모 경쟁을 할 수도 없고, 업무 능력 또한 몇 개월만 지나면 후배들이 추월해오죠. 사회에서는 근무 기간이 길고 나이가 많다는 이유만으론 어떤 특별한 대접을 기대하긴 힘들죠. 삼십대 선배의 확실한 능력을 보여줘야 후배들에게 당당할 수 있습니다.

회사에 억울하다는 생각을 해서는 안 돼요. 10년 동안 받은 급여로 충분하지 않느냐고 하면 할 말이 없잖아요. 대졸 남성 사원에게 주눅 들지 않을 우리만의 능력이 있다는 것을 보여줘야 해요. 우리가 갖고 있는 능력으로 회사 성과에 기여해 우리의 가치를 증명해 보이자고요.

나는 아이 키우고 시어머니 모시면서 대단한 학벌을 이마에 붙이고 서 있는 남성들 사이에서 교육팀장에 올랐어요. 여러분도 몇 년 뒤 여러분처럼 아파할 후배들을 위해서, 딸만은 엄마처럼 살지 않고 사회에서 당당하게 살아가기를 소망하는 우리의 어머니들을 위해서 절대 포기할 수 없잖아요. 죽을힘을 다해 한번 더 힘을 내 뛰어올라봅시다!"

그러고는 한 명 한 명과 악수를 나눴다. 교육생 모두 악수하던 손을 맞잡고 서로 부둥켜안고 서럽게 울음을 토해내 교육장은 울음바다가 되었다. 나도 그들도 모두 한참을 울었다.

그 교육프로그램 이수자 중에서 전산교육, 상품교육 등 각 분야 사내 강사로 발탁되기도 했다. 그들은 잠재돼 있던 자기 역량을 발휘했고, 점포장을 거쳐 업무과장까지 승진한 직원도 나왔다. 그들로부터 눈물 젖은 편지를 꽤 많이 받았던 기억이 있다. 창업 이후 마포의 한 식당에서 한 여성이 "팀장님!" 하며 달려와 두 손을 잡으며 눈물을 글썽이기도 했다. 눈이 마주친 순간 나도 "아~ 강사 양성!"을 외쳤고, 마치 재연 배우들처럼 우린 함께 수료식 날의 먹먹함을 고스란히 느끼며 서 있었다.

조직의 미운 오리 새끼 같은 처지에 놓였던 그들이 잘되기를 바라는 마음, 변화를 끌어내고 싶은 교육에 대한 열정으로 혼신의 힘을 쏟은 강의였다. 그러나 이런 나의 이런 모습이 조직 내에서는 다듬어지지 않은 무지함으로 보였던 것 같다.

어느 날 임원께서 나를 따로 불러 점심을 사며 조용히 조언
하셨다.

"신 팀장, 과장 이전까지는 스페셜special한 능력을 보여야
인정받고 성장할 수 있어. 그러나 과장 이후부터는 제너럴
general해야 조직에서 더 나아갈 수 있어. 계속 혼자 튀면 잘
라지거나 내쳐지게 돼. 융화하려고 노력해. 야성의 열정이
영업 현장에서는 돋보이지만 업무 조직에서는 문제가 있다
고 보이기도 하거든. 회사에서 신 팀장을 본사에 오래 묶어
두지 않겠지만, 스스로도 산업교육과정 이수하면 영업 현장
에 다시 나간다는 생각을 갖고 준비해야 돼. 영업에서 승부

를 내야 큰 꿈을 이룰 수 있어. 본사 근무는 길어야 2년 남짓 이니 튀지 않게 신경 쓰면서 부서장 한 명 한 명과 점심이나 먹으며 인간관계 만들고, 부서 간의 흐름도 파악하고 그래. 야전에만 있어서 본사 부서장들과 선후배가 있는 것도 아니 고, 인맥을 만들어놔야지."

임원의 조언은 지금 돌아봐도 정답에 가까운 조언이다. 서둘 러 일만 잘해 보이겠다고 설치지 말고 2~3개월 정도는 부서 의 과장, 팀장들과 면을 트고 우호적인 관계를 만들어가는 노력을 했어야 한다. 그랬다면 조직에 적응하는 모습을 통해 팀원들에게도 신뢰를 주고 리더십을 발휘할 수 있었을 거다. 그랬다면 영업만 잘하는 여자가 아니라 충분한 리더십을 갖 춘 인재라는 신뢰를 구축했을 것이다.

부서장 미팅에서도 아무리 말이 안 되는 안을 제시해도 잘 난 척 반박하는 태도를 보여서는 안 되었다. '팀장님께서 말 씀하신 안이 일리가 있고 좋은 안이기는 하지만, 저희 팀에 서 다른 의견이 다수 나와서…… 이 부분도 한번 고려해주 셨으면' 정도로 부드럽게 대처해야 했다. 그래도 계속 문제 가 있는 안을 고집하면 그 자리에서는 물러나고 과장을 통 해 물밑 작업을 하거나 개인적으로 만나 이해와 협조를 구 하는 것이 옳았다. 회사에서도 그런 기회와 분위기를 만들어보라고 외환위기의 어려운 환경에 영업 보직에서 빼내 업무부서 보직을 주었을 것이다.

미국의 벤저민 프랭클린 대통령은 의회 시절, 남의 감정에 거슬리지 않도록 말과 행동을 조심하고, 자신의 의견이 옳다고 고집을 부리는 일이 없게 늘 마음을 썼다고 한다. 뿐만 아니라 이미 결정해버린 의견을 말할 때도 '확실히'라는 표현보다는 '내가 생각하는 바로는……', '지금 시점에서는……'이라는 표현을 많이 사용했다고 한다. 상대방의 말이 잘못됐어도 곧바로 상대방을 면박하지 않고 '당신이 말하는 것도 일리는 있으나' 하는 표현으로 상대방을 배려하여 말하는 습관을 갖기 위해 늘 노력했다고 한다. 덕분에 의회 활동 내내 자기의 주장을 거의 통과시킬 수 있었고 대통령 시절에도 낡은 구시대 법을 새로운 법으로 거의 다 바꿀 수 있었다.

나는 상대방과 의견 대립이 있는 경우 배려하는 부드러운 표현을 잘 하지 못했다. 나뿐만 아니라 대체로 여성이 업무적인 의견 충돌에서는 남성에 비해 표현이 좀 감정적이고 결연한 편이다. 늘 더 열악한 환경에 놓여 있다는 피해의식을 갖고 있어 스스로 가시를 세우고 전투태세를 취하게 되는 것이다. 그때는 부드러움이 상대방을 무장해제시킨다는 것을 잘 모르던 청춘이었다.

회사가 놓인 상황과 전체 분위기를 읽고 이해하는 안목도
키워야 했다. 어쩔 수 없이 대의적인 업무를 내세우는 사람
과 업무 소신을 지키려는 사람이 충돌할 때 더 좋은 대안이
나오기 때문에, 업무충돌은 회사를 위해 서로 최선을 다하
는 과정이다. 나만 회사를 위하는 것이 아니며, 회사의 구성
원 모두가 각자의 위치에서 회사를 생각하고 부서장들 또한
구성원 한 명 한 명을 소중히 여긴다. 그러니 누군가는 업무
소신을 잠시 내려놓고 고민하여 낸 의견이었을 텐데도, 나는
소통하고 이해하려 노력하기보다는 '나의 소신이 통하는 새
로운 세계'를 꿈꾸고 설계하기 시작했다.

그러나 회사 밖 어떤 세상에도 업무 충돌은 있고, 충돌이 없
으면 도리어 에너지가 없고 발전적이기 않기 때문에 상대의
어떤 의견에도 긍정적으로 소통해야 한다는 것을 이해하는
데 오랜 시간이 걸리지 않았다.

사회에서 기회를 얻고 경쟁력을 갖고 성공을 이뤄내는 것은 언제나, 늘, 항상 어렵다. 지금 우리 사회는 취업의 문이 좁고, 은퇴 시기는 빠르며, 창업 비전도 열악해 개인뿐 아니라 사회적으로 큰 어려움을 겪고 있다.

그러나 1997년에 우리나라에 닥친 'IMF 외환위기'는 직장인들에게 마치 전쟁 상황과 같았다. 외형 매출로 순위 경쟁을 하던 기업문화는 효율 중심의 경영으로 급격히 방향을 틀었고, 사람, 사옥, 장비 등 줄일 수 있는 것은 모두 다 줄였다.

특히 금융권은 하루아침에 근무하던 회사가 퇴출되어 없어지거나 함께 근무하던 직원의 절반 이상이 퇴직 권고를 받았다. 부서장 회의에서 퇴직 권고 대상자가 공공연히 거론되는 상황이었다. 옥석을 가릴 시간적 여유도 분명한 인사 시스템도 없어 좋은 인재도 대거 길거리로 내몰렸고, 비전을 잃고 스스로 떠나기도 했다. 경쟁력이 있고 없는 개인의 문제가 아니라, 갑자기 닥친 국가와 기업의 위기 환경이었다.

일선 영업부서는 대부분 판공비가 줄고 제공하던 승용차도 회수하고 급여도 삭감되었다. 그나마 영업성과가 좋고 목표를 달성하는 지점은 퇴직 분위기에서 벗어나 있었다. 그러나 업무부서는 평가 기준이 모호해 영업부서에 비해 인원 감축도 더 우선적으로 진행되었다. 그러다 보니 서로 눈치 보고 견제하고 비전도 없는, 아주 어수선한 분위기였다. 드라마 유행어처럼 '6.25 때 난리는 난리도 아니다'라는 말이 저절로 나올 만큼 난세였다.

상황이 이렇다 보니 당시의 조직문화는 업무는 기본이고 정치성까지 리더십으로 요구되기도 했다. 하루는 A부서장과 함께 임원을 모시고 업무 출장을 가게 됐다. A는 10분 뒤 임원을 모시고 정문으로 나오라며 먼저 주차장으로 내려갔다. 정문 앞에 차를 대기하고 있던 A는 자기 승용차 운전석 옆

의자를 앞으로 완전히 밀어놓고 머리 받침까지 빼내 임원께서 넉넉하고 편하게 앉을 수 있게 세팅해놓았다.

'와 대단하네. 일을 좀 그렇게 순발력 있게 하시지. 고객 감동이 따로 없구만.'

나는 속으로 비웃었지만 조직사회의 한 수를 배우는 마음이었다. 그 일이 있고 한 주쯤 뒤, 다른 임원을 모시고 A와 또다시 출장을 가게 되었다. 그런데 이번에는 정문에 차를 대기시키지도, 차 세팅을 해놓지도 않아 좀 의아했다. 얼마 뒤 회식 자리에서 그 비밀이 풀렸다. 같은 상무지만 곧 있을 구조조정에서 한 분의 상무는 재선임이 힘들 거라고 했다.

지금 돌이켜보면 A도 사십대 가장의 절박한 책임감에 분투하는 중이었다. 줄을 선다는 것을 누가 모르겠으며, A도 좋아서 그랬겠는가. 하지만 자기 소신 지키다 불황에 회사 밖으로 밀려나면 그만 바라보고 있는 가족들은 누가 책임질까. 그의 어깨에 얹힌 무게는 보지 못하고 '나는 너의 비열함을 알고 있다'고 냉소했으니 나 역시 저급한 열혈 청춘이었다.

이런 어수선한 분위기에 젊고 똑똑한 직원은 스스로 사표를 내고 떠나기도 했다.

"김태민 씨, 사표 종용 분위기는 급여가 높은 과장급 이상에 해당되지, 입사 1년차인 태민 씨는 해당되지 않으니 일이나 열심히 해요."
"저도 알고 있어요, 팀장님."
"그런데 왜 사표를 내밀어요."
"저 결혼한 지 6개월 되었잖아요. 책임져야 할 가족이 생기니 직장에 대해 깊이 생각하게 됐어요. 시간이 지나 정말 경제적으로 꼭 필요한 시기에 퇴직해야 하는 처지에 놓이면 너무 힘들 것 같아 많이 생각했어요. 와이프하고도 충분히 의논했어요."
"지금은 어느 직장에 가든 상황이 비슷하지 않을까요? 그리고 나중에 어떻게 될지는 자기가 하기 나름이고요."
"지금 퇴사하게 되는 선배들이 다 능력이 없거나 열심히 하지 않아서 그렇게 된 건 아니잖아요. 이런 상황을 미리 대처할 수 있는 것도 아니고요. 저라고 뾰족한 수 있을까요. 그냥 임용고시 준비해서 교사 하려고요. 와이프가 뒷바라지해준다고 아이 생기기 전에 2년 정도 준비하라고 했어요. 안정된 직업 찾고 다시 시작해도 서른 살이니 지금이 가장 좋을 것 같아요."

1년차 신입사원이었는데, 평소 꽤 똑똑하고 성실하다 생각했지만 아직 어리게만 보았었다. 그런데 이토록 속이 꽉 찬 소리에 아무런 조언도, 다시 생각해보라는 말도 꺼낼 수 없었다. 서른이 채 안 되었고, 아직 아이도 없지만 곧 자신에게도 그런 미래가 올 것을 미리 알고 대처한다는 것이다. 아이들이 태어나고, 중고등학교에 다니게 되는 사십대에 자녀와 가정을 위해 직장이 얼마나 중요한지, 그 시기에 회사에서 밀려나는 상황이 되면 어떻게 해야 할지 미래의 현실을 구체적으로 생각하고 결단하는 모습이 어른스러워 보였다.

이렇듯 국가적 위기 환경은 자신의 꿈보다 안정적인 교사, 공무원 등 현실적인 직장을 선호하게 했다. 한의사가 가장 핫한 직업으로 떠올라 한의대에 편입학하는 이들도 있었고, 공무원, 회계사 등의 공부를 다시 시작하기 위해 고시원 행을 택하기도 했고, 공인중개사 시험이 고시 수준으로 위상이 높아지기도 했다. '못난 놈은 쫓겨나고, 잘난 놈은 제 발로 나가고, 어중간한 놈만 남는다'는 술자리 유행어가 나돌기도 했지만, 치사하고 더러워도 참아냈던 이들의 연봉은 IMF 외환위기 극복 이후 크게 올라 억대 연봉 시대가 열렸으니, 절대불변은 없고 상황은 역전되기도 한다.

아무튼 어린 후배가 미리 우려하는 그 시기에 정확히 놓여 있던 나는, 절대 그럴 리가 없다고 자만하고 있었다. 지금은 아닐지 몰라도 곧 다가오고 있다는 생각도 하지 못한 채, 무작정 경주마처럼 앞만 보고 달리고 있는 내 모습이 어린 후배에게 어떻게 보였을까? 요즘 말로 현타(현실 자각 타임)가 온 나는 너무 아팠고, 깊은 절망감에 빠졌다.

'이 자리까지 어떻게 왔는데……. 나는 이곳에서 다시 어떤 경쟁력을 보여 주어야 하지? 영업 현장에서 높은 실적으로 시상대에 오른 것처럼 업무팀에서 인정받으려면 내가 무엇을 해야 할까?'

"지금 돌이켜보면 A도 사십대 가장의
절박한 책임감에 분투하는 중이었다.
줄을 선다는 것을 누가 모르겠으며,
A도 좋아서 그랬겠는가.
하지만 소신 지키다 불황에 회사 밖으로 밀려나면
그만 바라보고 있는 가족들은 누가 책임질까.
그의 어깨에 얹힌 무게는 보지 못하고
'나는 너의 비열함을 알고 있다'고 냉소했으니
나 역시 저급한 열혈 청춘이었다."

나의 경쟁력은 뭘까

지점장까지는 영업성과로 평가받기 때문에, 구성원 한 명 한 명에게 집중하여 좋은 성과를 내면 그걸로 리더십을 인정받았다. 현장에서 입사 스펙 따위는 문제되지 않았다. 그러나 본사로 들어오니 임직원의 화려한 스펙이 나 스스로를 위축시켰다. "아 그 친구도 K대 나왔지. 학번이 어떻게 되지?" "아, 아니지 말입니다. ROTC 대 선배를 우습게 볼 리 없지 말입니다." 가벼운 어프로치 화법을 곁들인 대화였을 텐데도 자존심의 날을 세우게 했다. 위축되어 있으니, 내가 잘하는 것들은 보이지 않고 부족한 부분만 더 크게 보였다.

연수원 강의를 마치고 돌아오던 어느 날, 차 안에서 김 과장이 나에게 한마디 툭 던졌다.

"현장감이 떨어지시기 전에 강의를 기록으로 남겨 놓으면 좋을 것 같아요. 졸던 교육생도 팀장님 강의시간엔 눈빛이 반짝반짝해요. 다른 직원들이 하는 강의는 이론에 치우쳐 현장감이 떨어지고 외부 초빙 교수는 우리 현장과 이질감이 있는데, 팀장님 강의는 현장의 상황을 재연하듯 생생해서 시간 가는 줄 모르게 집중하게 되거든요. 게다가 바로 활용할 수 있는 유익한 팁까지 주잖아요. 교육 후 강의평가에 쓴 피드백들 보면, 강의 내용을 녹화해주면 좋겠다는 의견도 많이 있었어요. 반복해서 듣고 싶다고요."

아마 김 과장은 교육팀에 온 지 얼마 안 되어 적응해보겠다고 애쓰는 팀장에게 힘내라고 인사성 멘트로 던진 말일지도 모른다. 하지만 나는 그 말을 흘려듣지 않고 고민하게 됐다.

'그래, 난 현장 경험을 갖고 있지. 꼴지 지점도 전국 1등 지점으로 만들어냈던 나잖아. 교육생들은 이론 위주의 강의보다 이런 생생한 경험을 바탕으로 한 강의를 더 좋아하고. 이걸 어떻게 기록으로 남길까?'

회사뿐 아니라 업계 전체가 신규 고객을 발굴하는 것보다

고객 이탈을 막아내야 하는 시급한 과제를 안고 있을 때였다. 현장 상황별, 고객 상황별 응대 화법을 제시하고 자신감까지 동기부여할 수 있는 매뉴얼을 만들어 전사적으로 활용하면 크게 도움이 될 것 같았다. 산업교육 이수 논문도 곧 써야 하니 학비를 지원해준 회사에 도움 되는 내용이면 더 좋지 않을까? 성과로서 회사에 기여하는 것도 스펙이 되지 않을까? 매뉴얼의 반응이 좋다면, '나 이런 여자야' 하고 보여 줄 수 있지 않을까? 여러 생각들을 했다.

국가적 위기 상황이라 암묵지니 형식지니 하는 신지식인 이론이 트렌드였다. '학습과 체험을 통해 개인에게 습득돼 있지만 겉으로 드러나지 않는 상태의 지식'은 암묵지(暗默知, Tacit Knowledge)이고 '암묵지가 문서나 매뉴얼처럼 외부로 표출돼 여러 사람이 공유할 수 있는 지식'은 형식지(形式知, Explicit Knowledge)로 암묵지가 형식지로 공유되는 과정을 거쳐 더 높은 가치를 창조한다고 하여 신지식인 칭호를 주곤 할 때였다. 기업 또는 사회가 좋은 성과를 낼 수 있도록, 자신의 경험 노하우를 모두가 활용할 수 있는 지식으로 공유하는 이들을 신지식으로 인정해준다는 취지로 이해했다.

'그래, 나의 암묵지를 형식지로 만들어보자.'

영업 현장은 기발한 아이디어보다 오늘의 작은 실행이 결과를 만들어낸다는 것을 몸으로 겪어온 탓에 나는 행동력 하나는 누구보다 빨랐다. 결심한 그날 바로, 버리지 않고 모아둔 지난 10년 동안의 업무 흔적을 모두 끄집어냈다.

지점 구성원의 영업 현장에 동행하여 고객 응대를 함께 하며 코칭해주었던 내용들, 성공 사례와 실패 사례, 업무 미팅 전후 피드백해두었던 메모('경청하며 모두 공감', '불만 가득한 눈빛으로 외면' 등 모두 기록해두었다.), 교육팀장이 꿈이라 모아두었던 자료와 메모지, 업무 다이어리 등을 모두 모으니 박스 3개 분량이 넘었다. 그 자료들을 다시 분류하고 선별하여 직장생활의 첫 출발부터 현재까지의 시간을 일기 쓰듯 기록했다. 자료 하나하나마다 당시의 기억을 상기하며 형식지로 만들어가는 작업을 했는데, 그 몇 개월 동안 내 몸 안에 신이 들어와 있었지 싶다. 글쓰기라면 초등학교 때 '공산당이 싫어요'를 주제로 작문을 했던 것이 전부였는데, 그때 어떻게 써내려갔는지 모른다.

졸업 논문을 쓰듯 업무 경험의 일기를 목차를 매기며 써내려가다 보니 현장 매뉴얼 형태의 형식지로 정리가 되었다. 이 형식지는 한국경제신문사 출판팀(현 한경BP)에서 자기계발서로 출간되었다. 책을 내보자고 누가 제안한 것도 아니고, 원고 작업을 도와주거나 피드백해주는 조교나 비서가 있었던 것도 아니다. 자기계발서가 흔치 않던 시기이고 책을 많이 볼 수 있는 여건도 아니어서 책에 대한 감이 전혀 없었다. 체계적으로 장을 나누고 정렬하여 쓰지 못했고, 무작정 10년의 업무경험을 첫 페이지 첫 글자부터 에필로그까지 쭉 이어서 썼으니 무지한 작업이었다.

컴퓨터 작업이 아닌 손 원고 작업을 하던 때여서(과장 이상은 여직원의 전산업무 보조를 받던 때였다.) 자다가도 벌떡 일어나 펜을 움직였고, 출퇴근하는 차 안에서도 무아지경으로 펜을 움직이다 한두 정거장 지나치는 것은 다반사였다. 직원들이 퇴근한 후 사무실에서, 휴일에는 혼자 회사에 나와 하루 종일 화장실 가는 것 이외에는 자리에서 일어나지 않고 써내려 갔다. 고등학교 2학년이던 아들의 대학 입시가 코앞이라는 것도 잊은 채 그렇게 3개월에 걸쳐 초고가 만들어졌다.

나는 무작정 원고를 들고 신규 고객 개척하듯 한국경제신문사로 '쳐들어갔다'. 출판 여부를 결정하는 데 3개월이 소요되고, 출판팀의 수정 요구대로 재작업을 하는 데 3개월이 걸렸다. 그때의 작업으로 오른손의 검지 손톱이 한쪽으로 삐뚤어지는 장애를 입었다.

창업 이후 7권의 책을 더 내면서, 도서 기획을 먼저 하고 내용을 채워나가는 작업을 익히게 되었다. 책 작업은 건축을 하는 것과도 같았다. 의도하는 내용의 콘셉트를 정하고 1장, 2장, 3장 등의 기둥을 세운 뒤 소제목을 정하고 내용을 채워가는 것이었다. 그리고 마감재로 건축의 외형을 꾸미듯 편집과 디자인을 거쳐 책이 나왔다. 두 번째 책부터는 1장을 써내려가다 글이 막힐 때 2장을 쓰다 보면 풀리기도 하는 경험을 하면서 처음 겪었던 무지막지한 작업에서 벗어나게 되었다.

아무튼 이런 작업을 통해 교육팀장에서 작가라는 칭호를 하나 더 갖게 됐다. 책이 출간되던 날 출판사의 편집 담당자가 직원에게 '신 작가님 책 증정본과 함께 차로 모셔다 드려.' 하던 말이 생생하다. 작가라는 칭호가 소설 속의 주인공처럼 굉장히 멋지고 근사하게 다가와 가슴이 두근두근 뛰었다. 책이 출간되고 증정본을 받자마자 결재 서류에 책을 넣어 임원과 사장께 드렸다.

"니 그리 바빠 이리 뛰고 저리 뛰어다니며 교육하면서 언제 이런 작업을 다 했나."

임원들마저 떨게 만들었던 사장께서 기특한 자식 대견하게 보듯 환하게 웃으시던 모습이 떠오른다. 담당 임원께서는 일식집을 빌려 출판기념회 겸 조촐한 회식 자리를 만들어 축하해주었다. 며칠 뒤 편집자에게서 전화가 왔다.

"신 작가, 고마워. 우리도 이런 경험 처음이야. K기업에서 교보문고에 책 800권을 구입하러 갔는데, 그 정도 양은 별도로 주문해야 한다고 해서 우리 출판팀으로 직접 구입하러 왔어. 교보문고에서는 벌써 화제의 책에 올랐어."

매일 한국경제신문 하단에 '저자 ○○사 교육팀장 신윤순'이라는 도서 광고가 나고, 방송에도 '○○사 교육팀장'으로 출연했으니 어수선한 시기에 회사 홍보에도 일조하게 됐다.

작가 칭호를 하나 더 받으며 업계와 언론에 알려졌고 회사
내 부서장들은 물론 모든 직원들의 시선이 달라졌다. 영업
사원 출신이라고, 여자라고, 운이 좋아 윗분들 눈에 띄어 본
사까지 왔다고 대놓고 무시하던 무림의 당주들에게 '나 이
런 사람이야. 까불지들 마세요.' 하며 나의 새로운 모습을 보
여줄 수 있었다. 무림의 당주들과 물밑 타협을 하는 대신 정
면승부하는 직진을 택해 체력이 소진되기는 했지만, 단 1합
으로 큰 승부를 낼 수 있었다.

여자이고 영업사원 출신이라 여러 모로 불리한 상황이었지
만, 여성이어서 용기 낼 수 있었고 영업사원 출신이어서 나
만의 암묵지를 가질 수 있었다. 여성은 남성에 비해 어느 순
간에 더 용감할 수 있다. 결단의 순간이 오면 남성은 생각이
많아지는 반면 여성은 매우 단순해지기 때문이다.

메이저리그와 마이너리그의 경쟁에서도 실은 메이저리그가
더 불리하다. 목숨을 거는 사람을 이길 수 있는 수단이나 지
식은 없고, 메이저리그는 목숨을 거는 승부는 피하기 때문
이다. 어떤 상황에서든 자신을 긍정적으로 바라보면 단점조
차 차별성이 되고, 그것이 오히려 큰 기회를 만들어주어 최

상의 경쟁력이 되기도 한다.

책을 쓰며, 하나의 목표를 정해놓고 집중하면 내 몸에 신이 들어와 인간의 힘 이상을 발휘하게 된다는 체험을 했다. 이 것을 흔히 '열정'이라고 하지만 단순히 열정이라고 표현하기에는 좀 부족하고, 신의 영역 일부가 잠시 인간의 몸에 들어와주는 것 같다. 그렇지 않고서, 글이라곤 써본 적 없는 내가 어떻게 책 한 권의 분량을 완성했겠는가. 문장의 완성도는 차치하고라도 말이다. 지금 돌이켜봐도 불가사의한 경험이다. 인간은 의지만 있으면 기적을 만들어 낼 수 있다. 인간에게는 그런 능력이 있다. 큰 용기가 필요한 도전이었지만, 한 번의 시도로 회사 내에서 확실한 경쟁력을 갖게 되었다.

그리고 생각지 못했던 수확은 회사를 나온 후에야 확실히 느낀 것인데, 이 책이 내 인생의 큰 티핑 포인트가 되었다는 것이다. 만약, 여전히 회사에 남아야 할지 사표를 쓰고 나가 독립해야 할지 갈등의 시간만 보내고 있었다면, 구조조정에서 살아남지 못했거나 임원의 꿈을 쫓다 시기를 놓쳤을 것이다.

또한 이 책이 없었다면, 독립 후에도 "영업은 잘했지만 업무 팀장으로는 한계가 있었다"는 부정적 평가가 꼬리표처럼 따라다녔을 것이다. 그랬다면 내 모든 걸 갈아 넣었던 직장생활도 아무런 경쟁력이 되지 못했을 것이다. 책은 그런 부정적 평가를 지우는 역할도 했고, 독립 후에는 나를 브랜딩하는 데 확실한 영향력을 미쳤기 때문에 근무하면서 창업 준비를 한 셈이 되었다.

직장을 다니든. 자영업을 하든 편의점 알바를 하든, 업무 일상을 메모하고 피드백 하는 습관을 가지면 업무성과에 도움이 될 뿐 아니라 그걸 어디에든 활용할 수도 있다. '저는 1년 동안 아르바이트 하면서 이런 부분을 이렇게 개선해서 매출에 도움을 주었던 경험이 있습니다. 이 경험을 살려 귀사에 꼭 필요한 인재가 될 수 있을 거라 자신합니다.'라고 이력서에 어필할 수 있고, 어느 날 한 권의 책으로 출간하여 인생의 티핑 포인트로 만들 수도 있다.

"여자이고 영업사원 출신이라 여러 모로 불리한
상황이었지만, 여성이어서 용기 낼 수 있었고,
영업사원 출신이어서 나만의 암묵지를 가질 수 있었다.
여성은 남성에 비해 어느 순간에 더 용감할 수 있다.
결단의 순간이 오면 남성은 생각이 많아지는 반면
여성은 매우 단순해지기 때문이다."

시간 여행을 하는 동안 버스는 어느덧 종점을 돌아 나와 다시 내릴 정거장이 다가오고 있었다. 핸드폰 폴더를 열고 남편에게 전화를 했다.

"여보 있잖아, 집 앞 포장마차로 나올 수 있어?"

가족들에게 다시 한 번 믿어달라고 하자. 그래, 개똥벌레가 아니었어. 과장 진급 시험 보는 날 한복 곱게 차려입고 아파트 뒤편 가파른 산에 올라 냉수 떠놓고 기도하신 시어머니의 응원과 헌신적인 뒷바라지가 있었고, 잘난 척 밖에서 설치는 아내에게 딴죽 걸지 않고 조용히 지켜봐준 남편의 외조도 있었다. 엄마 품이 그리웠을 텐데 의젓하고 씩씩하게 어른처럼 잘 자라준 아들의 응원도 있었다. 아들, 엄마 다시 멋지게 성공해 보일게.

'자 떠나자 동해 바다로, 신화처럼 숨을 쉬는 고래 잡으러.'

인생의 두 번째, 아니 세 번째, 마지막 기회다.
그래 다시 시작이다.

그토록 바라던 본사 교육팀장을 맡게 되었고, 외로운 싸움을 하기도 했으나 책을 출간하면서 회사 내에서 여러 모로 나의 입지가 좋아지기는 했다. 그런데도 퇴직을 결심하게 된 배경은 이런 것들이다.

첫째, 회사 분위기와 상황이 업무 외적으로 너무 소모적이었다. IMF 경제 위기 상황은 내가 해결할 수 없는 문제이고, 조직문화에 형성되어 있는 보이지 않는 정치적 상황은 일 외적인 것들로 에너지를 쏟게 했다. 그 당시 리더십의 교본이었던 GE의 잭 웰치 회장은 '리더십이란 이기고 또 이기는 것이다'라고 정의했다. 이기지 못하는 기업의 리더는 리더십이 없다는 말이었다. 구성원의 머릿수를 세어 사표를 받고, 입사 스펙으로 줄을 세우는 분위기에서 나는 리더십을 발휘할 수 없었다. 또 그런 초라한 자기 모습을 마주하며 열정을 다할 수 없었다.

둘째, 회사 내에서 더 이상 꿈꿀 비전이 없다. 영업현장에서 목표 달성만 바라보고 경주마처럼 뛸 때와 달리 본사 교육팀에서 회사 전체를 보니 내 모습의 한계가 보였다. 꿈이었던 임원의 모습은 막상 가까이서 보니 임시 계약직으로 입사해 전전긍긍하던 내 모습과 같아 보이기도 했다. 그리고 현재의 경쟁력으로 버텨내서 내가 임원이 된다 한들, 정년 연한인 10년 이상 근무하기는 어려울 것이었다.

셋째, 업무 강도에 비해 급여 환경이 너무 열악해져 경제적 여유가 충분치 못했다. 늘 사업자금이 부족하고, 여건이 안 따라주고, 운이 없다는 사업가 남편은 국가적 위기 상황에 당연히 실패해 나는 집안에서도 열혈 가장이었다. 고등학교 2학년이던 아들에게는 대학 4년과 군생활 2년, 남들 다 가는 어학연수, 취업하고 결혼하기까지 최소 10년은 뭉칫돈을 쏟아 부어야 할 때였다. 시어머님이 다리가 아프다고 하셔도, 이 남자만 아니었으면 하는 남편의 귀가가 늦어도, 아들 표정이 뚱해도 심장이 두근거리는 날이 많았다. 퇴직금을 중간 정산하고 대출까지 낀 아파트 한 채가 전부인데, 인생의 시계는 벌써 오십이 목전이니 잠이 오지 않았다. 어떻게 셈을 해도 답이 안 나오는데 애꿎은 계산기만 두드리며 잠을 설쳤고, 그 와중에도 코를 골며 숙면 중인 남편을 보니 머리를 베게로 누르고 싶은 충동이 일었다. 그러니 지금 이대로는 안 된다.

넷째, 직장생활에서 가장 정점의 경쟁력을 갖고 있어 독립하기엔 지금이 적기다. 시작보다는 끝날 때가 좋아야 하고, 박수칠 때 떠나야 경쟁력을 갖게 되고, 여자는 나이도 경쟁력이기 때문에 지금이어야 했다. 자본도 없고 사회적 여건도 최악이었지만 회사 내에서 지금 하는 노력만큼 세상 밖에서 한다면 더 부가가치가 있을 거란 자신감이 있었다. 최악의 여건은 최고의 열정을 갖게 한다는 확신이 있었기 때문이다.

그만두어야 할 이유는 이렇게 꽉 찼는데, 지금 독립했을 때 바로 성공할 수 있을지에 대한 확신은 빈약했다. 어떻게 할 것인가.

쏟아 부을 자금은 전혀 없었다. 당장 내가 퇴직하고 창업을 해도 6개월 안에 월급 이상의 소득을 만들어내지 못하면 가계 경제는 마이너스가 될 것이었다.

그러나 나에겐 성공 확률 100퍼센트 중 50퍼센트는 자신감으로, 나머지 50퍼센트는 성실성으로 채우겠다는 자기 신뢰와 의지가 있었다. 이게 한시 계약직 사원으로 시작해 지금의 나를 있게 만든 가장 큰 힘이었지 않은가. 그리고 결정에 종지부를 찍은 가장 중요한 생각은 이것이었다.

"독립해서 성공하면 앞으로 20년 이상의 사회경쟁력을 가질수 있다."

그리고 정말 그런 경쟁력을 가졌다.

2막

꽃길을 버리고
세상 밖으로 나오다

창업은 자본과 노하우의 경쟁이라 자칫 절반 삶의 귀한 재산을 허망하게 날릴 수 있다. 하지만 지금까지 치열하게 살아낸 경력과 경험을 경쟁력으로 잘 활용하고 가족과 팀워크를 만들면, 직장생활에서보다 더 큰 보람과 결실을 맺을 수 있다.

사표를 가지고 씨름하는 동안 회사를 그만두면 어떤 일을 할 것인가 고민하고 또 고민했다. '음식점을 해야 하나?' 평생 음식만을 만들어 온 사람들과 대출받은 자금으로 경쟁하면 백전백패할 것이 뻔했다. '아니면 프랜차이즈?' 너도 나도 뛰어드는데 불끈불끈 복근을 자랑하는 젊은 사장과 경쟁하면 초라하게 무너지지 않을까? 비전이 큰 사업 아이템이 있어도 전문 기술이나 기능이 필요한 분야라면 기술을 익히는 동안의 호구대책은 확실해야 하고 자금 여유도 있어야 할 것 같았다. 그리고 무슨 일이든 자신감이 큰 경쟁력인데, 그 분야의 기술과 자금 여유가 없으면 자신감을 갖기 어렵다.

나의 상황은, 만약 실패했을 경우 금세 회복 가능한 삼십대도 아니었고, 최소한의 생활비 대책이 있는 것도 아니었다. 만약 자녀 학비 부담과 최저 생활비 대책이 있었다면 좋아하는 일 혹은 해외에서의 기회도 고민했을 것 같다. 나는 성공 확률이 가장 높으면서 자신 있는 분야만을 생각했다.

이래저래 아무리 생각해도 열혈청춘으로 독하게 버텨낸 직장생활 15년의 경험과 경력이 유일한 자산이었다. 그것 말고는 없었다. 인생 후반전의 비즈니스라 전반전의 경쟁력을 버리고 전혀 새로운 일에 도전하는 것은 무모하다 생각했고, 직장생활에서 쌓은 경험 경쟁력을 가지고 승부할 수 있는 분야만 보았다. 그리고 나니 딱 두 개의 키워드가 나왔는데, 바로 '신윤순'과 '세일즈'였다. 그래서 세일즈 전문 교육 컨설턴트로 독립을 결심하고 회사명도 '신윤순의 세일즈스쿨'로 정했다. 후에 실질적으로 기업의 성과를 돕는 '성과 향상 컨설팅' 등의 장기 프로젝트 진행이 확대되고, 여러 강사들을 컨택하며 진행하는 클라이언트 역할을 하게 되면서 '세일즈스쿨&아트라인'으로 사명을 바꾸게 되었다.

토요일에 사표를 받은 담당 임원께서 회사에 소문나기 전에 수습하기 위해 일요일에 조용히 불러 사표를 반려했다. 채용공고를 내면 회사 밖까지 긴 줄이 서는 어려운 시기에 금융회사 교육팀장은 쉽게 버릴 만큼 가벼운 자리가 아니니 회사 내에서 큰 꿈을 가지라는 애정 담긴 조언을 해주었다. 계약직 사원으로 입사할 때 인사발령 서류에 사인하고, 특진 대상자로 선발하고, 내가 점포장으로 한창 잘나갈 때 지점장으로 부임하여 가까이서 지켜보았고, 나를 교육팀장으로 인사발령을 낸 분이라 나에 대한 남다른 애정을 갖고 있었다.

일요일에 불러 사표를 반려해주신 마음이 너무 고맙고 송구하여 일주일을 더 근무하고는 퇴사를 결심하게 된 이유를 편지로 써서 첨부하여 사표를 다시 냈다. 사표 의지를 재확인한 임원께서 사표일자를 정정하여 사직된 상태에서 급여를 받으며 3개월 정도 준비할 수 있게 해주었다. 죽을힘을 다해 성공해낼 테니 열심히 하라는 말은 하지 않겠다며, 건강 해치지 말라고 당부했다. 여자 나이 사십대는 삼십대와 많이 다르고 회사 밖 세상의 경쟁은 회사 내의 경쟁과는 차원이 다르다며 국내 축구와 월드컵 축구를 견주어 격려했다. 3개월 급여는 월드컵 출전 비행기 티켓 값이니 꼭 승부를 내라는 다짐을 받았다.

그때 당시엔 임원의 애정 어린 조언을 들으면서도 전혀 생각하지 못했다. 급여가 딱 끊기면 급여통장에서 자동이체되는 모든 고지서를 어떻게든 해결해야 하고, 통장 잔고가 없으면 굶을 수밖에 없다는 무서움을. 회사에 근무한다는 자체가 보증이 되어 금융기관에서 받은 신용대출, 마이너스대출은 만기가 도래하면 갚아야 하고 부동산 담보대출 연장에도 재직증명서와 소득증명서가 첨부되어야 한다는 것 역시 미리 생각해보지 못했다.

회사에 소속되어 있을 때는 소액을 빌리는 것쯤은 주변 지인에게도 "이자로 점심 사." 하는 농을 주고받으며 가볍게 해결할 수 있으나, 독립하고 나니 상황이 완전히 달라졌다. 새로운 사업의 성공 비전이 약하거나 힘들어지면 형제지간에도 소액이나마 운을 떼기가 쉽지 않다. 매달 꼬박꼬박 들어오는 급여의 가치가 작게 느껴질 만큼 회사의 굴레가 크다는 것을 나와서야 알았다.

성공 확신이 적고 먹고사는 대책이 없으면 치사해도 최대한 버텨내는 것이 현명하다는 것도 알게 되었다. 그래서 남성들이 비굴해서가 아니라, 가장의 책임완장 때문에 죽을힘을 다해 비굴함을 견디어내고 있다는 것도, 어쩌면 그래서 남자들이 여자들보다 10년쯤 빨리 세상을 떠나는지 모른다는 생각도 하게 됐다.

나의 창업투자비용은 노트북 한 대가 전부였다. 교육 컨설턴트는 강의 의뢰를 전화로 해오고, 요청하는 기업의 자체 교육장이나 연수원 시설을 렌트하여 초청하기 때문에 사무실을 굳이 낼 필요가 없고 핸드폰만 있으면 된다고 조언해주는 이도 있었다. 그러나 자기 긴장을 위해 출근하는 거처는 무조건 있어야 할 것 같았다. 지출은 최소화해야 할 것 같아 면이 있는 교육 컨설팅 사무실에 여직원 사무보조까지 포함하여 월 일정액을 주고 인하우스 형태의 사무실을 냈다.

그럼에도 축하 난을 들고 방문하거나 보내주는 이들이 있고 사무실로 직접 찾아와 교육 프로그램을 의뢰하는 동종 업종의 교육팀장이 있었다. 학교 졸업 후 교육 컨설팅 분야에서만 계속 근무해온 한 직원의 표현으로는 처음 접해보는 이해할 수 없는 현상이라고 했다. 박수 받을 때 떠난 경쟁력 덕분이었다. 자기 분야의 고객을 상대로 창업을 결심했다면, 반드시 박수 받을 때 창업을 해야 성공 확률이 있다는 경험을 했다.

창업 준비 기간 중에는 강의 의뢰가 들어와도 양해를 구하고 초기 세팅에 집중했다. 업계에서 가장 필요로 하는 강의 프로그램을 만들고, 어필할 수 있는 수상경력 등 특징적 이력을 넣고, 스토리가 담긴 인사말을 넣어 회사 소개 자료를 만들었다.

리플렛은 회사 이미지를 보여주는 첫 브랜딩이라 대형 광고 회사 카피라이터에게 맡겨 돈을 아끼지 않고 눈에 띄게, 고급스럽게 만들었다. 그리고 각 기업 교육팀장들에게 보냈다. 그때 만든 홍보자료 몇 개를 남겨 가지고 있는데 지금 보아도 썩 괜찮다 싶을 만큼 잘 만든 것 같다. 동종업계 월간지기자에게 전화해서 창업 인터뷰 기사도 실었고, 업계 주간지에는 영업상담 칼럼을 연재하기 시작했다. 이 칼럼은 2020년 6월까지 10년 이상을 연재했다.

언론 홍보 활동을 통해 창업 소식이 전해지자 강의 의뢰가 들어오기 시작했다. 책을 출간한 직후, 아직 회사에 소속되어 있던 때에 보험연수원 연수팀장이 회사를 통해 세미나를 요청해온 적이 있었는데, 퇴사 소식을 듣고 사무실로 찾아와 전국 세미나 프로그램을 요청했다. 부산, 대구, 광주, 대전, 서울로 이어지는 세미나 투어를 진행하게 되었고 지역마다 정원 초과로 2~3회씩 연장 진행할 만큼 호응이 좋았으니 초기 홍보 효과를 톡톡히 본 셈이다. 또한 산업교육 강의 스킬을 익히는 데도 큰 도움이 되었다. 세미나 기간 내내 동행하여 진행을 도왔던 연수팀의 조언은 산업교육 강의의 정석에 가까워 현재까지도 상기해보곤 한다.

"돈을 받고 지식을 파는 산업 강의는 '감동, 재미, 내용' 이 세 가지가 있어야 성공할 수 있어요. 다소 내용이 부족해도 재미와 감동을 주는 강사가 크게 떠요. 그런데 신 강사님은 너무 많은 내용을 주려는 열정 때문에 재미가 부족해요."

나도 알고 있었지만 속으로는 '지금이 웃고 떠들 때냐고요.

돈 받았으면 당장 오늘, 이달에 보다 좋은 성과를 내게 도와야지, 무슨 코미디 보자고 귀한 시간 내서 모인 건 아니잖아요?' 하고 들이받는 마음도 있었다. 그러나 곧 그 조언은 정답이라는 것을 알게 되었고 강의 반응이 적은 날에는 재미가 없었나? 내용이 미흡했나? 감동이 적었나? 피드백해보게 되었다.

아무튼 창업 포지셔닝 전략은 꽤 성공적이었다. 99년 4월 3일 첫 강의를 시작으로 그해 연말까지 목이 아파 이비인후과 치료를 몇 번씩 받아야 할 만큼 스케줄이 이어졌다. 12월 연말까지 1억 이상의 수입이 들어왔으니 8개월 만에 임원 이상의 연봉을 받은 셈이다.

국가적인 경제 위기로 갑자기 상여금이 없어지고 급여가 삭감되면서 입시를 코앞에 둔 아들을 학원에도 보내지 못했었다. 평일, 주말 가리지 않고 혼신을 다해 일했지만 회사에서 주는 급여로는 부모 노릇, 자식 노릇 다 하며 살기에 부족했다. 아들은 아쉬운 대로 대학에 진학은 했으나, 원하는 대학에 가지 못해 재수하고 싶어 했다. 계속 회사에 남아 있었다면 재수하라고 격려하지 못했을 테지만, 독립한 후의 나는 강남의 유명 재수학원에 아들을 등록시킬 수 있었다. 아들은 1년 뒤 자신이 원하는 대학에 진학했고, 표정이 확 달라졌다. 초등학교 내내 전 과목 '수'를 받았고, 학교장 추천으로 산수경시대회에도 출전했던 아들이었지만 유명 학군지 내 고등학교에서 3년 내내 혼자 기 죽고 위축된 시간을 보냈다는 걸 대학 입학 후에야 알았다. 부모가 서로 갈등하고 경제적인 문제로 위축되어 있으면 자식도 그런 시간을 보낸다는 것을 한참이나 지나고 나서야 깨달았다. 회사생활이 아들의 표정조차 살필 여유를 주지 못했다. '너 뭐니, 엄마이긴 한 거니' 하는 절절한 후회에 펑펑 울었던 기억이 있다.

퇴사하고 창업을 하겠다고 결심할 때 가족들에게 허락을 구했고, 우리 가족 누구도 나에게 실패하면 안 된다는 부담을 주지 않았지만, 나는 절박한 마음으로 모든 일을 대했다. 처음 들어온 강의를 준비하고 현장에 나갈 때도 '지금, 오늘 잘하지 않으면 내일은 없다'는 각오로 임했다.

첫 강의로 특강을 의뢰받은 J기업은 내가 근무하던 업계와는 많이 다른 분야였다. '기본은 같고 디테일한 터치보다는 마인드셋, 동기부여만 부탁한다'는 담당에게, 여러 번 청하여 사내 강사의 강의를 들을 기회를 얻었다. 그리고 J사의 제품과 경영철학 등 회사 매뉴얼을 정독하고 나서 강의를 했다. 이후 계열사까지 소개되어 한 달 스케줄의 30%가 J그룹 강의로 채워지기도 하며 10년 이상 비즈니스가 이어졌다.

그러나 성실히 준비한다고 모두 좋은 성과로 이어지는 것은 절대 아니었다. 두세 시간 강의를 위해 주말 내내 관련 서적을 읽고, 기업 홈페이지는 물론 언론 뉴스까지 검색하고, 제공받은 교육생 자료를 통해 서면 소통을 하며 30시간 이상을 준비해도 실패하는 경우가 많다. 그러면 또 다시 '무엇이 문제였을까?' 원인을 찾기 위해 강의 PT 자료를 점검하며 밤을 세우는 날도 많았다. 회사 내에서의 스트레스는 주로 타인에 의해 받지만, 회사 밖에서의 스트레스는 대부분 스스로 받고 강도는 더 높다.

회사 밖 세상은 눈앞의 성과를 주고받는 비즈니스라 더 철저한 자기 성실성을 요구한다. 회사 내에서는 성실한 과정이 보이면 눈앞의 성과가 없어도 기다려줄 수 있다. 그러나 회사 밖의 비즈니스는 결과물에 계산을 주고받기 때문에, 내 가치를 더 평가받겠다는 이유여야지 자유롭고 편하게 일하고 싶다는 이유로 독립을 꿈꾸면 큰 낭패를 보기 쉽다. 독립한 이들 대부분이 '회사에 있을 때 이렇게 열심히 일했으면 임원을 달아도 열 번은 달았을 것 같다'는 말을 한다. 그만큼 회사 밖 세상에서 경쟁력을 갖고 먹고사는 일이 쉽지 않다는 자기 경험담이다. 물론 회사 밖에서 승부를 낼 수 있는 자기 경쟁력을 가지면 부가가치는 회사 안에 있을 때와 비교할 수 없을 만큼 더 크다.

회사 밖 세상으로 뛰어들면서 '6개월 안에 승부를 내야 한다'는 목표를 세워 스스로 벼랑 끝에 섰다. 물론 업계 지점장으로 다시 취업할 자신은 있었지만, 그럴 생각은 하지 않았다.

'재취업은 없다. 6개월 안에 승부를 내지 못하면 우리 가족은 굶는다. 열혈 청춘으로 독하게 보낸 삼사십 대 신윤순의 시간도 가짜다.'

나는 되돌아갈 수 있는 다리를 아예 끊었다.

오늘의 작은 실천이 만들어준
독립 경쟁력

이십대에 큰 용기가 필요한 세일즈 우먼에 도전했고, 삼십대 초반에 다시 금융회사 한시적 계약직으로 어설프지만 직장 생활의 기회에 도전하여 치열하고 혹독한 자기 담금질을 했다. 회사라는 굴레 안에서 급여를 받으며, 동종업계에서 견주어도 부족하지 않을 경쟁력을 만들어냈다. 튀지 않고 무난하게 직장생활을 마무리하겠다는 생각이었다면 이대로 가도 나쁠 것은 없었다. 그러나 다시 한 번 용기를 내어 더 큰 세상으로 도전을 했고, 사십대에 그 분야의 정상에 서는 1인 기업 창업을 성공적으로 해낼 수 있었다.

회사에서 받던 한 달 급여를 하루에 현금 처리로 받는 것은 꽤 근사하고 벅찬 기분이다. 창업할 때는 마이너스 통장을 갖고 나왔다. IMF 환경에서 상여금이 없어지고 급여가 줄어 생활비가 부족했던 데다, 집 평수를 늘려 이사하면서 회사에서 대출을 받았는데 그걸 퇴직금으로 정산하고 나니 남는 돈이 없었다.

꼭 이런 상황이 아니어도 퇴직하면서 대출이 없이 여유자금을 갖고 나오기는 꽤 어렵다. 임원을 달기 전까지, 특히 삼십 대 회사원은 대부분 먹고살 만큼의 급여밖에 받을 수 없다. 그 안에서 경쟁력을 키우지 못하면 가장 좋은 삼십대를 기업에 헌납하는 꼴이 되고 만다. 그러나 급여를 받으며 자기 경쟁력을 키우는 시간으로 만들면 상황은 크게 달라진다.

삼십대에는 아르바이트를 해도 한 분야에서 경쟁력을 키워야 사십대에 정말 절실하게 돈이 필요할 때, 배고프고 아팠던 삼십대를 보상받을 수 있는 경쟁력을 갖게 된다. 힘들게 고생했기 때문에 더 큰 경쟁력을 갖게도 된다. 나의 경우 '아이 키우며 시어머니 모시고 야간에 방통대 다니며 계약직 급여로 시작해서 이 자리에 섰다'는 한 문장의 자기소개가 많은 이들에게 큰 감동을 주는 경쟁력이 되었다.

상업고등학교를 졸업하고 S사에 입사한 K씨는 수출입업무를 담당했다. 그녀는 입사 첫날부터 하루의 업무를 피드백하는 습관을 가졌다. 매일 업무가 끝나면 그날 처리한 업무, 학교에서 배운 것과 다른 점, 업무 실수로 선배에게 꾸중들은 내용 등 소소한 갈등까지 업무노트에 일기처럼 기록해 나갔다.

그러다 3년차 되던 때에 회사 신입사원 교육에서 '선배와의 대화'라는 주제로 1시간 강의를 하는 기회가 주어졌다. K씨는 자신의 업무노트를 카피하여 나눠 주고 질의응답을 받았다. 그런데 그 강의가 K씨 인생의 티핑 포인트가 될 줄 누가 알았을까. 업무노트의 반응은 매우 뜨거웠다. 회사에서는 업무노트를 잘 다듬어 사내 교육 매뉴얼로 제작했고, K씨는 신입사원, 여사원 업무능력 향상을 위한 연수 프로그램에서 사내 강사로 자주 강단에 서게 되었다. 그뿐인가, 고졸 출신으로 과장까지 진급했다.

IMF로 회사가 어려워지자 여사원의 노조 문제도 해결할 겸 수출입업무를 아웃소싱하자는 의견이 나왔다. 여러 번의 회의 끝에 회사는 K과장에게 여사원들을 데리고 나가 수출입업무를 전담하는 회사를 운영해보지 않겠냐고 제안했다. 2년간은 회사에서 100% 지원을 해주고 그 이후부터는 독립한다는 조건이었다.

K씨는 고민 끝에 독립을 결심했고, 후배들에게는 회사를 함께 경영하자는 동기부여로 자존감을 끌어올리고 하나의 실수도 인정하지 말자는 책임감을 갖게 했다. 독립하자마자 관련 업계에 입소문이 났고, 빠른 성장 속도로 2년 뒤 완전 독립된 회사를 만들 수 있었다.

그녀는 딱 마흔에 회사 대표이자 기업의 교육 강사로, 경영학을 전공하는 대학생으로, 그리고 아이 키우는 엄마로 열심히 뛰어다니고 있었다. K씨와 같이 상업고등학교를 나와 입사 동기로 함께 출발하고, 같은 업무를 한 사람들은 많았을 것이다. 하지만 그날의 업무 내용을 정리하고, 더 좋은 방법은 없을까 고민한 하루 30분의 시간이 10년 후 각자의 미래를 바꿔놓았다.

삼십대는 어디에 어떤 모습으로 있든 고픈 배를 움켜쥐고서라도 경쟁력을 키워야 한다. 10년 뒤 사십대에는 반전의 기회를 노려야 하기 때문이다. 그 경쟁력은 꼭 회사에 소속되어야만 가질 수 있는 건 아니다. 전업주부여도 학원으로만 내모는 다른 엄마들보다 특별한 교육 철학으로 아이로 잘 키울 수 있다. 혹은 손맛이 담긴 순수 가정식 음식으로 가족 건강 하나는 똑 부러지게 챙길 수 있다. 외벌이 월급으로도 살림과 재테크를 잘해 특별한 경제적 성취를 이루었다면 그

것도 매우 큰 경쟁력이 될 수 있다.

이런 경쟁력을 모두 기록해둔다면, 아이들이 독립했을 때쯤 지난 기록을 책으로 출간하고 창업에 도전해볼 수 있다. 굳이 책을 내지 않아도 모든 여성이 원하는 경쟁력을 갖고 있기 때문에 충분히 독립된 창업을 할 수 있고, 실제로 그런 분들이 많이 있다. 냉장고 정리를 잘하는 살림 노하우만으로 프리랜서로 창업한 주부, 자기 아이에게 유기농 재료로 영양 만점 이유식을 만들어 먹인 노하우로 이유식 전문 기업을 창업한 주부도 있다.

SNS가 일상화된 지금은 모두 알다시피, 전통적인 스펙이 절대적인 성공의 조건은 아니다. 그러나 자신만의 독특한 콘텐츠는 꼭 필요한데, 그것은 반드시 자신의 경험과 기록이 누적되어야만 나올 수 있다. 사십대에는 자기 사업을 하겠다는 꿈으로 회사생활을 버텨낸다는 아들에게 이따금 질문을 한다.

"아들 오늘 하루는 어땠어?"
"현장기사가 출근을 못해서 대체근무 해주느라 추위에 떨며 하루 종일 현장 지켰어요."
"현장에서는 어떤 업무를 하는데?"

"딱히 하는 일은 없어요. 제가 없어도 현장은 돌아가요. 30년 동안 벽돌만 쌓아온 업체 대표가 공사팀 데리고 와서 공사하는데 배우면 배웠지 제가 지시할 게 별로 없어요."

"그렇겠네. 오히려 배우는 게 많겠네. 혹시 개인적으로 관리하는 작업일지 같은 거 있니?"

"필요하단 생각은 하는데 실천이 잘 안 돼요. 히히히."

더 이상 대화를 하면 또 엄마가 가르치려 한다고 짜증낼 것 같아 나도 웃고 만다. 업무일지를 기록하고 업체 대표들의 명함을 붙여놓고 명절에 안부라도 전하는 관계를 만들어간다면, 꼭 창업을 하지 않아도 업계에 '괜찮은 친구'라는 입소문 홍보가 될 수 있을 텐데.

'언젠가는 내 사업을 해야지' 하는 꿈을 가진 사람은 많지만, 그 꿈을 위해 오늘 뭔가를 실천하는 사람은 많지 않다. 좀 여유가 생기면, 시간이 나면, 혹은 회사를 그만두고 생각해봐야지 하면 늦고 잘 되지도 않는다. 하지만 매일 반추하고 기록하는 것은 습관만 되면 그리 어려운 일도 아니다. 기억이란 놈은 믿을 수 없고, 말로 하는 데이터는 신뢰받기 어렵다.

"언젠가는 내 사업을 해야지' 하는 꿈을 가진 사람은 많지만,
그 꿈을 위해 오늘 뭔가를 실천하는 사람은 많지 않다.
좀 여유가 생기면, 시간이 나면, 혹은 회사를 그만두고
생각해봐야지 하면 늦고 잘 되지도 않는다.
하지만 매일 반추하고 기록하는 것은
습관만 되면 그리 어려운 일도 아니다.
기억이란 놈은 믿을 수 없고,
말로 하는 데이터는 신뢰받기 어렵다."

누구도 내 성공의
정답을 줄 수는 없다

취업 재수까지 해서 어렵게 취직했지만 폼 나게 연애할 만큼
의 급여도 안 되고 시간도 없고, 무엇보다 비전이 없다며 퇴
사하는 이십대, 삼십대가 많다고 한다. 부모의 적극적인 지
원까지 받은 경쟁력으로도 무언가 충분치 않은 시대라 아픈
청춘이다.

그러나 사십대는, 가족의 생존을 책임질 경쟁력을 오롯이
혼자 만들어 갖추고 있어야 하고, 이때에 경쟁력을 갖지 못
하면 아픈 정도가 아니라 절망의 늪에 빠진다. 이십대에 아
르바이트하고 공부하고 연애하고 몸 근육도 만들었듯이, 삼
십대에는 회사 다니면서 데이트하고 결혼도 하고, 한 시간이

라도 동료의 경쟁력까지 훔쳐 메모하고 피드백하여 자기 것으로 만들어놓아야 하지 않을까. 이런 말을 아들에게 하면 집에도 들어오지 않을 것 같아 절대 하지 못한다.

이삼십대 남성에게 하는 동기부여가 가장 어렵다. 신입사원 대상 강의를 나가면, 강의 시작할 때부터 끝날 때까지 두 시간 내내 스마트폰만 보고 있는 교육생도 있다.

'나 당신 이야기 듣기 싫거든.'

아예 노골적인 태도이다. 그럴 때 강사로서 할 수 있는 유일한 방법은 질문을 던지는 것뿐이다.

"둘째 줄 가운데 가장 훈남인 ○○○씨는 자신만의 경쟁력이 있을까요? 이 자리에 있는 50명의 1년차 동기 중에 이것만은 내가 제일 잘한다고 자신하는 것이 있다면 무엇인가요?"

"……."

"잘생겼어요."

옆 교육생이 거든다.

"남성의 외모도 삼십대가 지나면 크게 차이가 없고, 입사 때의 스펙도 큰 의미는 없어지잖아요. 사십대까지 가지고 갈 경쟁력은 없을까요? 왜 평소 이 한 가지만은 동기들에 비해 잘한다거나, 혹은 선배에게 배워 내 것으로 만든 게 있다면요?"

"어제 오늘 교육을 들었지만 강사들마다 자기 성공 사례만

주로 이야기하더라고요. 그런 거 말고, 우리가 지금 활용할 수 있는 성공 레시피를 한 가지라도 주었으면 좋겠어요."

그제야 스마트폰만 보고 있는 이유를 토해낸다. 당신들이 성공한 10년, 20년 전 라떼 시절 이야기에는 관심 없으니, 지금 시도할 수 있는 쉽고 간단한 방법을 콕 찍어 달라는 것이다.

"정말 모든 교육생에게 피가 되고 살이 될 이야기를 해주셨네요. 모두 박수 부탁드려요."

"짝~짝~짝~."

박수도 형식적으로 마지못해 칠 뿐이다.

"최대한 빠른 시간 안에 근육을 만들 수 있는 닭고기수프 레시피를 알게 됐어요. 처음엔 제시된 방법대로 하다가, 이렇게 하면 더 좋지 않을까 하고 다른 재료를 첨가해보는 거예요. 그 시도가 성공적이었다면, ○○○씨 표 성공 레시피가 되지 않을까요. 나머지 교육 일정 동안 본인이 첨가할 성공 레시피는 뭘까 피드백하면서 들으면 이 시간들이 조금 더 의미 있을 거예요. 그리고 교육 이후에 그 생각들을 실천해보고요. 50명의 동기가 2박3일 동안 회사 교육을 똑같이 들었지만, 이걸 실천하느냐 안 하느냐에 따라 달라진 경쟁력을 가진 사람이 반드시 나올 겁니다. 나는 ○○○씨가 그런 분이 될 수 있다고 확신합니다. 꼭 자기 레시피를 피드백하며 들어보세요."

드디어 스마트폰에 고정되어 있던 시선을 내게 준다. 그러나 교육장을 나서면서 ○○○씨가 과연 자신의 성공 레시피를 찾을까? 하는 의문을 갖는다. 왜냐하면, 어떤 것이든 열 번 이상은 시도해야 자기만의 성공 레시피를 만들어낼 수 있는 데, 열 번씩 시도할 열정이 눈빛에 없었기 때문이다.

자기 경쟁력은 자기가 만들어내는 것이지 누가 정답의 레시피를 줄 수는 없다. 꿈의 눈높이는 높아졌는데, 과정의 어려움은 모두 피하고 싶어 한다. 1분이면 레시피뿐 아니라 원하는 답을 찾을 수 있는 SNS 세대이기 때문일 수도 있다. 그러나 누구나 쉽게 찾을 수 있는 답은 SNS 세계에서조차 경쟁력이 될 수 없다.

인생 전체를 보면 삼십대는 인생을 잘 살아내기 위해 마지막 경쟁력을 키울 수 있는 시간이다. 삼십대에 쉽게 돈을 벌기 위해 재테크 비법에 시간을 허비하면 자칫 돈은 벌어도 길게 보면 큰 손실을 보게 될 수도 있다. 인생의 절반 이상을 살아보니 정말 그렇다. 학창시절은 공부에 전념하는 것이 가장 큰 재테크인 것과 마찬가지로 삼십대는 어디에서 무엇을 하든 평생을 여유롭고 자유롭고 멋스럽게 살아낼 수 있는 경쟁력의 재테크에 죽을힘을 다해 올인해야 한다.

창업한 지 1년 만에 드디어 사무실을 얻고 직원을 채용하여 정식으로 내 사무실을 냈다. 자택 근무도 가능했지만, 집에서 근무하는 것과 사무실에서 근무하는 것은 많이 달랐다. 이유는 잘 모르지만 밤을 새워 원고 작업을 하는 것은 집에서 집중이 더 잘 되고, 교육 프로그램을 개발하고 강의 연습을 하는 것은 사무실에서 집중이 더 잘 되었다. 오피스텔 사무실을 얻어 사무집기를 들여놓고 책장 가득 책을 쌓아놓고 작은 화분들을 모아 놓으니 이제 막 창업하는 것처럼 기분이 새로웠다.

하루는 강의 스케줄이 없어 직원보다 일찍 출근했다. 사무실 문을 열고 들어서니 빌딩숲이라 해가 들지 않아 불을 켜야 했다. 책상에 앉아 커피를 마시기 위해 커피포트를 켜자 또 전기요금이 추가되고, 물을 붓고 커피를 내리니 수도요금과 커피 값이 계산되었다. 입맛은 또 고급이라 스타벅스에서 원두를 갈아 와 내려 먹으니 종이 필터 비용까지 첨부된다.

하루 동안의 사무실 유지비용, 직원과 함께 먹는 점심값에 직원의 급여까지 오늘 수입이 전혀 없어도 하루에 20만 원 이상의 지출이 발생했다. 회사에서 독려하는 최초 여성 임원의 비전을 박차고 나와 창업을 했으니, 가능한지 불가능한지 여부를 떠나 최소한 임원 급여 이상은 벌어야 한다는 상한선을 정해놓았었다.

그런 셈으로 오늘, 한 달, 일 년, 내년을 계산하니 머리가 하얘졌다. 창업하고 처음 든 생각이다. 창업했지만 타인의 사무실 한편을 사용하고 있을 때는 이런 셈을 하지 못했으니 인간은 참 눈앞에 닥쳐야 알게 되는 우매함이 있다.

회사에 근무할 때도 IMF 환경이어서 회의 때마다, 그리고 매월 공문으로 비용절감에 대해 주인의식을 갖자고 당부했었다. 그래도 적극 동참하지 않으니 회의 때 이면지만을 사용하게 규정화하고 사용이 적은 사무공간은 소등하고 사무용품 등의 비용에 제한을 두었다. 그러나 팀장급 이상은 회사 경영층이라는 자부심만 내세웠지 이면지 사용에 적극 앞장서지 않았고 직원들과 함께 하는 식사나 회식은 회사 업무와 연관이 없어도 어떻게든 비용 처리를 하려고 했었다.

가족끼리도 주인의식의 동기부여가 잘 안 된다. 아들에게 관리비 많이 나온다고 출근할 때 컴퓨터 끄고, 전체 소등을 하고 나가라 부탁해도 늘 켜져 있다. 자기 통장에서 관리비가 나간다면 아마 상황은 정 반대가 되었을 것이다. 사무실에 들어서는 순간 전기 스위치를 켜면서 비용을 계산하는 주인의식을 갖게 된 것이 처음이다. 집에서는 어느새 엄마, 며느리, 아내이기보다 회사원의 영역이 더 크게 차지하고 있었다.

"어멈아 생활비 떨어져 간다. 초팔일이라 절에도 가야 하고. 이번에는 등을 하나 더 달았으면 싶네."

어머니는 내가 직장을 그만두어 이제 급여가 없다는 것을 모르시는 것처럼 당연하게 생활비를 이야기하셨고, 이것저것 집안에 필요한 것들도 줄일 생각 없이 이전과 똑같이 장을 보아 오셨다. 아들도 학원비며 용돈이 필요하면 손을 내밀었다.

"이제 아빠에게 달라고 하면 안 돼?"
"갑자기 왜 그러세요. 그냥 엄마가 주세요."

엄마이고 여자니까, 그리고 회사를 그만두었으니까 이제 돈
은 아빠에게 달라고 해야 하지 않겠느냐는 것은 나 혼자만
의 생각이었다. 그마저도 입 밖으로 내뱉기에는 이미 이 역
할이 가족에게 너무 익숙해져 있었다. 엄마, 아내, 며느리보
다는 오랜 시간 회사원이자 가장으로 익숙했고, 그런 책임
감이 더 분발하게 만들었기 때문에 한편으론 고마운 부분이
기도 하다.

사무실을 이전하려고 여기저기 알아볼 때였다. 산업교육과
정을 함께 이수한 D사의 교육과장에게서 전화가 왔다. 회사
를 그만두고 강남에 교육 컨설팅 회사를 오픈했다는 인사와
초청 전화였다. D사는 사주가 바뀌면서 직원 절반이 구조조
정이 되는 과정에서 퇴직하게 된 듯했다. 마침 K사의 교육부
장 역시 명예퇴직을 앞두고 있어 정보도 얻을 겸 함께 가자
고 해서 화분을 들고 방문했다. 강남 테헤란로에 있는 사무
실은 큰 규모에 인테리어까지 우와~ 소리가 날 만큼 고급스
럽게 꾸며져 있었다.

"김 과장 재벌가 자녀였군요."

"사업 시작하면서 직장 동료와 친구들에게 투자를 좀 받았어요."

펀드 형태로 지분투자를 받았다고 자랑하며 함께 방문한 부장과 내게도 사무실 한편을 내 줄 테니 사용하라고 권했다. 어떤 아이템에 지분투자를 받았는지 물으니 그냥 교육 컨설팅 회사였다. IMF 환경에서 대기업과 정부가 외국계 컨설팅 회사에 거액의 비용을 주고 컨설팅을 받아 경영 전략을 새롭게 할 때였다. 언론에 그런 내용들이 자주 언급되니 컨설팅사의 이미지가 일반인들에게 꽤 어필되던 시기였고, 투자도 쉽게 받을 수 있었던 것 같다. 사무실을 나와 차를 한잔하면서 K사 부장과 같은 말이 동시에 나왔다.

"사무실 함께 사용하면 안 될 것 같아요. 잘못하면 함께 도피 다닐 수도 있겠어요."

그런데 1년이 채 안 돼 강서구에 위치한 벤처지원센터에 서너 평 규모의 사무실로 이전하면서 내게도 투자를 부탁했다. 삼십대라 큰 야망을 갖고 창업을 했다가 아마 꽤 힘든 시간을 보냈을 것 같다. 꼭 필요한 장비를 구입한다든가 정말 유능한 컨설턴트를 스카우트하는 비용이 아니면 투자비용을 최소화했으면 어땠을까 하는 아쉬움이 남았다. 혹시 실패해도 부채만 없으면 실패 경험을 피드백해서 다시 도전해 볼 수 있고 재취업이라도 해볼 수 있기 때문이다. 특히 은퇴 이후의 창업은 금전적으로 크게 실패할 경우 가정이 붕괴되는 상황까지 올 수 있으므로 신중에 신중을 기해야 한다.

대세에 떠밀리지 말고
먼저 올라타라

회사에 소속되어 있을 땐 깨닫지 못했던 사무실 비용과 가계 지출까지 모두 책임져야 한다는 걸 자각한 순간, 내가 갖고 있는 경쟁력에 취해 있어서는 안 된다는 두려움이 분발 의지를 갖게 했다. 남들과 다르게, 더 전문성 있게, 만족도 높은 강의를 만들기 위해 변화하는 환경을 빠르게 흡수하고 활용했다.

첫 과제는 디지털 경쟁력에 투자하는 것이었다. 강사 툴이 OHP(스크린 위에 영상을 확대 투영할 수 있는 광학계 투영기기) 프레젠테이션에서 컴퓨터 파워포인트 프레젠테이션으로 바뀌기 시작할 때였다. 지금 SNS를 적극 활용하지 못하면 구세대로 취급받고 경쟁력도 떨어지는 것처럼, 그때는 PPT 환경으로의 변화가 그런 것이었다. 판서만으로 강의하는 분이 많았고 OHP를 사용하면 좀 앞선 강의였지만, 젊은 남성과 대학 내 강사, 겸임 산업강사 등은 파워포인트를 사용했고 그게 좀 더 프로다워 보였다. 과장 이상은 여사원의 사무보조를 받던 시절이고, 나는 계약직 때부터 보직이 점포장이라 여사원의 사무보조를 받아와서 그야말로 컴맹이었다.

노트북이 막 보급되기 시작할 때여서 삼성전자 고객플라자에서 평일 야간과 주말에 무료 컴퓨터 교육을 해주고 있었다. 평일은 시간을 내기 어려워 토요일 4시간, 일요일 4시간 해서 주말 8시간에 하나의 과정을 마스터하는 수업을 듣기 시작했다. 윈도우 활용에서부터 홈페이지 제작 과정까지 배워나갔다. 고객플라자마다 프로그램 일정이 달라서 같은 프로그램을 여러 플라자를 돌며 두 번씩 이수했고, 파워포인트와 홈페이지 제작은 세 번이나 이수했다. 초등학생에서부터 삼십대 회사원, 60대 사업가까지 다양한 교육생들 틈에서 마우스를 제대로 다루지 못해 첫 시간은 20대 여성 강사로부터 연습해서 참석하라고 내쫓기기도 하며 컴맹 탈출에 매달렸다.

알고 나면 아무것도 아니고 참 쉬운데 처음 시작은 어떤 일이나 어렵고 두렵다. 중간에 저장하면서 문서작업을 해야 한다는 상식을 몰라 기껏 작업한 내용을 모두 날린 적도 많았다. 바탕화면에 바로가기를 만들어 놓은 파워포인트 문서를 USB에 담아가 개망신을 당하기도 했다. 지방의 K국립대학 CEO 경영대학원에서 멋지게 인사를 하고 프레젠테이션을 시작하려고 하는데 도대체 프로그램이 열리지 않았다. 컴퓨터에 대해 모두 잘 모를 때라 사무국장도 대학생을 불러 프로그램을 열어보라고 하고 중견기업의 CEO, 경찰서장, 은행지점장 등 지역 유지급 교육생 모두 아프리카 원주민이 핸드폰을 앞에 놓고 서로 이리저리 만져보는 모양새를 하고 있었다. 확실하게 망신을 당하는 신고식을 치른 후부터는 내 노트북을 꼭 가지고 다녔고, 몇 번씩 문서를 열어 확인한 다음 출발했다.

강의 자료를 컴퓨터로 옮기고 PPT 프로그램으로 만들고 다듬으면서 강의 자료와 프로그램을 체계화했다. 주말 8시간씩 6개월을 통째로 수강하면서 독수리 타법을 벗어나고, 어설프게나마 직접 홈페이지도 제작해보았다. 그러나 홈페이지는 전문 영역이라 업체에 리뉴얼을 맡기고 나서야 그럴듯한 홈페이지를 갖게 되었다. 홈페이지 오픈을 축하한다는 글이 게시판에 오르고 문자 인사를 받았던 걸 상기하면 '썩소'를 짓게 되니 변화가 너무 빠른 환경을 살아간다.

뭔가에 집중하면 몸을 돌보지 않는 습관이 있어 스트레칭으로 근육을 풀어주고 건강관리도 좀 해야 된다는 생각을 전혀 하지 못했다. 견지통이 와 팔을 올리지 못해 비명을 지르는 고통을 1년 가까이 앓았다. 여름에도 긴소매 정장을 입고 매일 몇 시간씩 팔을 들고 프레젠테이션용 레이저 포인터를 사용해야 했고, 아무리 아파도 환한 미소를 지어야 하는 프리랜서 강사로서는 큰 고통이었다. 견지통뿐만 아니라 어깨와 목의 근육이 뭉치고 뭉친 근육이 솟아올라 어깨가 약간 굽고 목이 어깨에 달라붙은 모습으로 변해 있었다.

어느새 나이 든 여성의 둔탁하고 굽은 듯한 어깨 모습이 되어 이를 풀어내느라 별의별 짓을 다 했다. 운동도 하고 경락도 받고 한의원에서 뜸도 뜨고 정형외과 물리치료도 받았다. 1년여 동안 각고의 노력 끝에 살과 근육이 제자리로 돌아왔다. 그 후 컴퓨터 작업을 할 땐 틈틈이 스트레칭을 하고, 주말이면 사우나 반신욕으로 근육을 풀어주고, 헬스클럽도 다녔다. 시간이 있을 땐 가급적 걸으려고 노력했다. 출근할 때는 7층에 있는 사무실까지 계단으로 걸어 올라갔다. 정장을 입어야 하는 직업이고 키도 크지 않은데 어깨까지 구부정하면 영 폼이 나지 않기 때문이다.

이런 노력 덕에 사십대 후반의 강사로서는 꽤 일찍 파워포인트로 세련돼 보이는 강의를 하게 되었고, 3박 4일을 혼자 진행하는 프로그램도 무난히 소화할 수 있게 되었다. 파워포인트 프로그램이 아니면 3박 4일의 강의 내용을 외워 혼자 진행하는 것은 쉽지 않다. 중간에 동영상도 보고 영화를 짧게 편집한 5분짜리 영상도 보며 진행하면 여러 강사가 진행하는 것보다 교육생 입장에서 알차게 지식을 정리할 수 있다. 강사마다 관점이 다르고 경험이 달라 한 과정을 마스터하는 목적을 가진 경우 교육생의 참여를 적극 활용하고 피드백하면서 진행했을 때 더 효과적인 측면이 있다.

한 기업에서 다급하게 스케줄 문의가 왔다. 2박 3일 교육을 지역별로 4회 진행하는 교육이었다. 이런 교육은 대개 몇 달 전에 스케줄이 확정되고 사전 미팅과 프로그램 제안서까지 받은 후 진행하는데, 다급하게 스케줄 의뢰를 해와 이유를 물었다. 다른 강사와 일정 조율을 마쳤는데 혼자 2박 3일 강의 진행 경험이 없어 3~4시간 강의만 하고 다른 강사의 참여를 요청하여 급하게 섭외하게 되었다는 것이다. 그러면서 2박 3일을 진행할 수 있느냐는 질문부터 했다.

"저는 짧은 강의보다 긴 시간 교육생과 소통하는 것이 만족도도 높고 보람도 더 컸어요. 짧은 강의는 그날의 컨디션이나 교육생 니즈 파악이 잘 안 돼 강의 흐름을 놓치면 망치게 되지만 긴 강의는 수습이 가능하고, 초기 실수를 만회하기 위해 더 열심히 교육생과 소통하게 돼요. 교육생과 오랫동안 스킨십 할 수 있으니 한 명 한 명의 니즈에 맞춘 동기부여도 가능하여 더 효과적이고 보람도 큽니다."

"네, 저희도 그런 점 때문에 2박 3일 교육을 기획하게 되었습니다. 그럼 일단 스케줄부터 확정해주시고, 일정이 얼마 안 남았으니 사무실로 찾아뵙고 교육 진행에 관해 미팅을 갖도록 하겠습니다. 프로그램 기획안은 메일로 송부해드리겠습니다."

급하게 들어온 일정이지만 미리 프로그램이 준비되어 있었기에 소화할 수 있었다. 만약 머릿속에 든 암묵지만 믿고 새로운 흐름인 디지털 환경에 빠르게 적응하지 않았다면, 이런 기회들도 모두 내가 아닌 다른 이들에게 넘어가고 말았을 것이다. 새로운 흐름이나 변화가 시작될 때 한발 늦으면 비즈니스 세계에서도 퇴출된다. 사무실의 전기 스위치를 켜며 갖게 되었던 주인의식이 경험지식의 암묵지 자산에 노트북 프레젠테이션 스킬과 교육프로그램의 체계를 구축하는 계기가 된 셈이다.

"급하게 들어온 일정이지만 미리 프로그램이 준비되어
있었기에 소화할 수 있었다. 만약 머릿속에 든
암묵지만 믿고 새로운 흐름인 디지털 환경에 빠르게
적응하지 않았다면, 이런 기회들도 모두 내가 아닌
다른 이들에게 넘어가고 말았을 것이다.
새로운 흐름이나 변화가 시작될 때 한발 늦으면
비즈니스 세계에서도 퇴출된다."

경력자의 이직 기준

"와~ 김 과장, 오랜만이에요. 요즘 가장 핫한 김 과장께서 소인에게 전화까지 다 하셨어요."

"팀장님 왜 그러세요. 교육팀에 직원이 많이 줄어 교육 기획에, 교육 진행에, 강의까지 정신없이 바빠 전화 못 드렸어요. 그렇지만 마음은 항상 팀장님과 함께했어요."

"어유, 그러셨어요. 과장 되더니 멘트가 많이 늘었네. 전화 한 용건은? 무슨 일 있어요?"

퇴직 이후 전 회사 직원을 처음 만났다.

"팀장님께 실은 조언 구하려고 뵙자고 했어요. 회사를 그만 두려고 하는데 팀장님 회사에서 산업교육에 뛰어들어볼까

해서요."

"지금 퇴사해야 하는 상황에 있어요?"

"그렇진 않아요."

"그런데 왜?"

"회사에서 큰 비전이 없어요. 임원 되는 것은 불가능하고, 정년까지 간다는 보장도 없고요. 퇴사를 한다면 지금이 시기인데 과장 달고 같은 업종으로 옮기는 것도 쉽지 않을 것 같고…… 옮겨도 이제 10년 이상 근무하기 어렵잖아요. 대리 때 이런 고민을 했으면 기회가 많았을 테고 과장으로 점프해서 옮길 수도 있었는데, 그때는 이런 생각을 못 하고 일만 열심히 했던 것 같아요. 이런저런 고민 끝에 지금 독립하자는 결심을 했어요. 교육팀에서 계속 근무했으니 팀장님처럼 산업교육 분야로 진출해보고 싶어요."

"회사에서 강의 평가 잘 나오죠?"

"예, 교육생 만족도도 높고 여성 교육생들은 특히 많이 좋아해요."

"타사 교육생들에게도 그 정도 만족도 받을 수 있을까요?"

"교육생 수준은 비슷할 테니 가능하지 않을까요?"

"동업종이 1차 고객이니 업계에서 김 과장 강의를 사줄까 하는 자기 상품성은 있을까요."

"글쎄…… 요?"

"각 기업마다 강의 스킬이 뛰어난 직원은 많아요. 강의만 전담하는 교수팀도 있고요. 외부 강사로 컨택을 받으려면 상품성이 있어야 해요. 자사 강사들은 할 수 없고, 나만이 할 수 있는 프로그램은 어떤 것이 있는지 냉정히 고민해보아야 할 것 같아요."

"고민은 충분히 했어요."

"외부 강사 초빙 사례만 보고 결정하면 큰 시행착오 겪을 수 있어요. 기업에서 큰돈 들여 외부 강사 섭외하는데, 김 과장보다 교육생 평가도 높지 않다는 것만 보면 독립하는 게 이익이다 싶을 수 있어요. 하지만 강사료가 많아 보여도 성과급이나 퇴직금이 없기 때문에 단지 눈에 보이는 금액 차이로만 비교하면 안 돼요. 구조조정이 끝나 회사도 안정되고 급여도 많이 올라 과장 급여면 꽤 많잖아요. '정년까지 직장 생활을 하는 노력'과 '독립해서 그 수입 이상을 정년 연한까지 벌기 위한 노력' 중 어느 쪽이 더 기회이고 가능성이 높을지 더 고민해보면 어떨까요."

성실하고 순발력 있고 유능한 직원이라 우리 사무실로 온다면 대환영이지만, 내가 창업해서 잘나간다는 소문을 듣고 쉽게 결정한 것 같아 책임 있는 조언을 했다.

그러나 이미 결심이 선 상태라 누군가의 조언이 큰 도움이 되지는 않았다. 결국 김 과장은 타 업종 중견기업 교육팀장으로 이직을 했다. 이직 후 강의를 부탁해서 만났는데 많이 후회하고 있었다.

이직을 결정할 때는, 특히 과장 이상은 직급이나 급여 등 눈앞의 자기 성장만 보면 안 된다. 반드시 회사의 성장 가능성과 분위기를 참고해야 한다. 김 과장이 이직한 기업은 사세가 기울면서 회사 분위기가 많이 안 좋은 상황이었다.

"김 과장, 사표를 냈으면 차라리 내게 오지 왜 ○○회사로 갔어요. 분위기 안 좋아 많이 힘들 텐데."

"글쎄 말이에요."

옮긴 지 얼마 되지 않았는데도 벌써 풀이 많이 죽어 있었다. 회사가 성장하지 않고 현재의 성과에 머물거나 떨어지면 내부에서 성과 경쟁을 하게 된다. 이 경우 경력사원으로 입사한 직원에게 돌아갈 성과는 없기 때문에 열심히 근무하는 것만으로는 버텨내기 어렵다.

: 사례 2. 새로운 변화의 움직임이 있는 곳으로의 이직

반면 웅진코웨이가 렌탈사업으로 전환하면서 코디제도 도입을 막 시작했을 때 교육과장으로 입사한 이 과장은 계열사 대표이사가 되는 큰 성장을 했다.

이 과장은 내가 퇴사 전 근무했던 회사의 인사부 대리였다. 인사부에 근무하면서 인재라는 평가를 받았는데 점포장 발령을 받고 영업이 잘 맞지 않았는지 사표를 내고 웅진코웨이에 입사했다. 웅진코웨이가 막 성장의 날갯짓을 할 무렵이었다. 이 과장은 본인이 근무하던 보험사의 RP(Roll Play) 교육 매뉴얼에 삼성전자와 같은 대기업에서 실시하는 서비스 교육을 접목하여, 가정집 현관에서 부엌에 이르는 동선을 그대로 옮겨놓은 코디 서비스 교육센터를 만들었다. 렌탈 사업의 핵심인 코디 서비스의 교육 매뉴얼을 개발하고 철저히 훈련시켜 회사의 성장을 이끌었다. 판매를 전문으로 하는 조직보다 서비스를 전담하는 코디의 판매 실적이 높았고 코디 조직은 성장을 거듭했다.

이 과장이 웅진코웨이로 가서 나에게 처음 강의 의뢰를 했을 땐 그 팀에 이 과장과 사원 한 명밖에 없었다. 그러니 혼자 전국을 돌며 정말 북 치고 장구 치며 모든 업무를 담당했으나, 후에는 코디 서비스 전담 교육 강사가 70명이나 되는 교육본부로 성장했다. 이 과장은 특진에 특진을 거듭해 계열사 대표이사가 되었다.

: 사례 3_ 직접 변화의 중심이 되어 회사문화를 바꾼 경우

A출판기업에서는 대리 때 회사를 퇴직했다가 과장으로 재입사한 박 과장이 선배들을 제치고 임원에 먼저 올랐다. 자녀의 학습 진도를 분석하고 컨설팅하여 맞춤 도서를 권유하는 판매 매뉴얼을 만들어 판매문화를 완전히 바꾸고 영업 생산성을 2배로 성장시키는 데 일조했기 때문이다. 박 과장

은 재입사한 핸디캡 때문인지, 다시 받아준 회사에 대한 고마움 때문인지 변화 에너지를 만들어내려는 열정이 대단했다. 외부 강사에게도 질문을 정말 많이 했고, 동종 업계는 물론 타 업계의 변화와 성장에도 관심을 갖고 자사에 어떻게 활용할 수 있을까에 대한 고민을 끊임없이 했다. 직원들에게는 성장 기업의 업무 매뉴얼을 구해 분석하라는 과제를 주었는데, 우리 사무실에도 과장, 대리가 여러 번 방문하게 했다. 이러한 노력으로 결국 자사에 맞는 매뉴얼을 만들어냈고, 지속적인 교육으로 매뉴얼을 빠르게 확산시켜 1년 만에 정착시켰다.

외부인의 시선으로도 2배 성장의 중심에는 박 과장이 있었다는 사실을 부인할 수 없었으니 회사 내부에서도 당연히 좋은 평가를 받을 수밖에 없었고, 중견기업이라 오너의 눈에도 띌 수 있었다.

신입사원으로 입사한 케이스라면 처음부터 꾸준히 열심히 하는 것으로도 승진이 가능하지만, 중간에 회사를 옮겨 평가를 받으려면 확실한 기여도가 있어야 좋은 평가를 받을 수 있다. 요즘은 워낙 취업이 어려우니 중소기업이든 계약직이든 취업 먼저 한 뒤 경력을 쌓아 원하는 기업에 다시 도전하는 것이 일반화되어 간다. 그러나 직급을 높여 이직을 하는 경우 기업의 새로운 성장 에너지의 역할을 기대하기 때문에 기대치가 높고, 이에 부응하지 못하면 계속 이직을 해야 하는 상황에 놓이게도 된다.

창업하여 여러 기업에 강의를 다니다 보니 A기업에서 만난 직원을 B사에서 보게 되고 다시 C사에서 만나는 경우가 종종 있다. 그런데 아쉽게도 이직하길 잘했다고 말하는 사례보다는, 그때 갈등이 많았지만 회사를 옮기지 말걸 하고 후회하는 사례를 더 많이 접했다. 창업 못지않게 이직에 대한 결정도 그만큼 신중해야 하는 이유다. 욱하는 감정이나 눈앞의 연봉, 직책보다는 5년, 10년 뒤의 비전까지 보고 결정하는 신중함이 필요하다.

근무하던 회사의 임원께서 부친상을 당했다는 문자를 받고
조문을 갔다. 많은 시간이 흐른 뒤 회사 사람들을 만나니 밥
맛이던 부장도 그렇게 반가울 수가 없다. 고향 방문하면 서
먹했던 이웃도 모두 정겹고 푸근하듯 꼭 그런 기분이었다.

"어, 아직 사표 안 내고 잘 다니고 있네요. 술만 마시면 그만
둔다고 했었잖아요."

"제가 그랬었나요?"

"아니 그럼 일부러 경쟁자들 사표 내게 하려고 분위기 유도
했던 거였군요. 모두 내쫓은 기분이 어떠세요."

"왜 이상한 놈 만들고 그러세요."

"이 부장은 과장 때부터 지금까지, 술만 마시면 자기 사업한

다고 해요. 다음 날 사표 냈나 하고 보면 멀쩡하게 일찍 출근 해 있다니까요."

"나 사표 내고 장사하라고 부추긴다는 생각은 못 했는데, 신 팀장님 말 듣고 보니 저 친구 괘씸한데요?"

"이젠 취중에도 그런 소리 하지 말고 정년까지 잘 버티세요."

"신 팀장님은 독립해서 잘나가면서 나한텐 악담하는 거예 요. 회사 벽에 똥칠할 때까지 다녀라, 네 주제엔 그게 딱이 다, 그런 거죠?"

"어, 돌려 말해도 바로 알아들으시는데요! 정말로 창업 비 전을 갖고 있으면 주말을 이용해 인생 2막을 준비하는 것은 나쁘지 않을 것 같아요. 꼭 독립하지 않아도 희망을 가질 수 있고 직장생활도 즐겁게 할 수 있지 않을까요?"

"그러다 잘리는 수가 있어요."

"주말을 이용해 취미생활로 도전해보고 싶은 분야를 배워 볼 수 있잖아요. 카페를 하고 싶다면 제과제빵이나 바리스 타 주말과정을 수강해보는 거죠. 1년 정도면 준전문가 수준 은 되지 않을까요? 그동안 예비 직원을 미리 채용해서 잘나 가는 카페나 빵집에 반나절 정도 아르바이트하게 하면 금상 첨화죠."

"예비 직원이라면……?"

"와이프요. 아이 둘 낳고 직장 그만두었다면서요. 회사는 최 대한 버틸 때까지 잘 다니고 취미생활로 자기계발하고, 아내는 아르바이트로 사회 경험과 실전 감각을 익히는 거죠. 꼭 창업하지 않아도 손해 볼 건 없잖아요. 그런 다음 부인이 먼저 아주 작게, 실패해도 큰 비용 날리지 않을 정도의 작은 카페에 도전하고 주말에 도울 수도 있고요."

"우리 나이에는 아내한테 기도 못 펴고 사는데, 그런 이야기 잘못 했다가 '이제 나보고 돈까지 벌어 오라는 거냐', '다른 남자들은 아내에게 골프 배워라, 헬스해라 하는데 젊은 애들하고 카페에서 시급 받고 청소나 하라는 거냐' 할 텐데요. 이혼하자고 할지도 몰라요."

"아내에게 그냥 들이대지 말고 세일즈하세요. 단 둘이 주말 여행을 떠나 근사한 바닷가 호텔에서 와인 한잔하면서, 은퇴하면 이런 시간 자주 갖자고 하세요. 아내가 먼저 '그럴 돈이나 있고?' 할 거예요. 그때 두 분의 미래 비전을 프레젠테이션하세요. 회사에서 기획서 잘 쓰고 프레젠테이션 멋지게 하듯 나머지 절반의 삶을 위해 사랑하는 반쪽에게 그 정도 공도 못 들여요."

"……."

"퇴직하고 사회에서 퇴출당한 친구들끼리 뭉쳐서 사업해봐야 친구 잃고 퇴직금 다 날려요. 아내의 친화력과 순발력(감각)에 이 부장님의 치밀한 기획력이 합해지면 성공 확률이 확 올라가겠죠. 부부가 함께 하면 퇴직하고 와이프에게 왕따 당하는 외로움도 없잖아요. 왕따 당하고 외롭다며 친구

만나 한잔하고, 아내는 문화센터에서 헬스하고 이웃 엄마들과 점심 먹고 하면 두 분의 하루 용돈만 해도 5만 원 훌쩍 넘을걸요. 그 지출을 없앤다면, 사업이 흑자를 내지 못해도 1년은 버틸 수 있지 않을까요. 퇴직 앞두고는 와이프와 함께 미래 비전을 설계해야 성공 확률을 높일 수 있어요."

"신 팀장은 독립하더니 월급쟁이들과는 인생을 보는 시야와 통찰력이 굉장히 달라졌어요. 회사가 인재를 놓쳤네요."

"그걸 이제야 알았어요? 후후후. 매일 100명씩, 일 년이면 2만 명 이상의 사람들과 소통하고 그들의 삶을 간접적으로 경험하잖아요. 독립해서 정말 많이 배우고 성숙해진 것 같아요. 돈보다 소중한 사람들의 실패 경험과 성공의 지혜를 매일 접할 수 있어요. 그래서 사표 내게 저 왕따시킨 부장님들께 매일 감사하고 있어요. 후후후."

장례식장을 떠나며 생각했다. 한편으론 직장생활이 그립고, 그들이 부럽고, 헤어지는 것이 아쉬워서 꽤 오랫동안 잘난 척 떠들어 댄 것을 그들은 알까? "그렇게 일해서 월급 값 하겠어요? 이번 달은 연도 말이니 10퍼센트만 더 해보세요." 프라이팬 위의 메뚜기처럼 달달 복이던 그때가 그립다고 하면 하는 일이 잘 안 되나보다 하고 치부하겠지. "한번 잘해보자.", "왜 그 정도밖에 못 하냐", "난 그 부장 밥맛이야.", "이 과장 술버릇이 완전 최악이야.", "○○이랑 ○○이가 사귄

대.”…… 이런 독려와 시샘은 함께 잘해보자는 가족의 따스한 마음이기도 하다. 설혹 한두 달 못했다고 바로 내치지 않고 다시 기회를 얻을 수 있는 따뜻한 스트레스였다는 것을 회사를 떠나고 나서도 한참 뒤에야 알게 되었다.

회사 밖 세상에서는 딱 한 번의 실수로 비즈니스는 끝난다. "수고하셨습니다."라는 친절한 인사와 함께 끝이다. "좀 잘해보세요.", "아까 교육생들 분위기 어수선할 때 유머로 한 타임 쉬어 갔으면 좋았을 텐데, 왜 그냥 진행하셨어요."와 같은 따끔한 조언도, "다음엔 이렇게 해주세요."도 없이 오늘의 비즈니스로 끝이다. 아주 냉혹하고 무섭다. '다시 한 번 기회를 주시면 절대 실수하지 않을게요.'와 같은 부탁을 해볼 기회조차 없다.

회사 내에서의 갈등은 회사 밖에서와 비하면 가족 간의 애정싸움 같다. 시어머니와 며느리가 사랑하는 남자를 사이에 두고 하는 따뜻한 애정의 갈등과 다르지 않았다. 우리 아들이다, 내 남편이다, 내가 이만큼 해주는데 왜 몰라주느냐는 갈등과 다툼에는 사랑하는 가족이 함께 있다는 절절한 따뜻함이 묻어 있다. 그 당시에 속 좁게 굴어 잘 느끼지 못할 뿐이다. 엄마가 살아계셨을 때 좀 더 귀 기울여 들어드릴걸, 시어머니 살아계실 때 인색하게 굴지 말았더라면 하는 후회

역시 이미 아무 소용이 없을 때, 어찌 해볼 도리가 없을 때서야 하게 된다. 그러니 회사 내에서 받는 스트레스에 지쳐 순간의 기분에 준비도 없이 확 독립을 해버리는 실수를 저질러서는 안 된다.

자영업 창업을 한 금융권의 B부장은 매출이 좋지 않아 현금 서비스까지 받아 어렵게 직원 급여를 주었다. 하지만 그 직원은 일주일을 늦게 받았다는 불만에 다음 날 그만두었다. 회사 사정이 어렵다고 호소하며 성과금 자진 반납을 호소하던 경영층에 앞장서 반기를 들고, 그로 인해 회사를 그만두게 되었을 때 직원을 배려하지 않는 회사에 미련 없다고 끝까지 맞섰던 예전의 자신이 떠올라 혼자 소주를 홀짝였다고 한다. 어떤 일이든 스스로 경험하기 전에는, 머리로는 이해를 하면서도 가슴으로 받아들이기 힘들다.

은퇴 시점이 아닌데 사표를 내고 독립을 결심하는 경우라면 신중해야 한다. 회사 분위기. 동료 간의 갈등. 치사하고 아니꼬운 상사 등의 이유 때문인지, 분명한 미래 비전을 갖고 있기 때문인지 냉정하게 결정해야 한다.

최종적으로 그만두기로 했다면 기본적인 준비는 하고 사표를 내야 한다. 여행 가기 전에 여행지를 정하고 교통편과 숙

박 예약을 하고 필요한 물품을 가방에 챙겨 떠나야 하듯, 최소한의 준비는 해야 한다. '최소한'이라고 했지만, 가급적 퇴사 전 1~2년간의 준비 기간을 두고 자신만의 경쟁력을 만들어두는 것이 좋다. 나의 경우 퇴근 이후와 주말을 이용해 원고를 쓰고 책을 출간한 것이 운 좋게도 잘 팔리고 브랜딩에도 도움이 되어 독립의 큰 지렛대가 되었다. 만약 퇴사한 후에 원고를 쓰고 출간했다면, 창업하고 자리 잡는 데 꽤 오랜 시간이 걸렸을 것이다. 어쩌면 생활고 때문에 기다리지 못하고 다시 취업 전선을 헤맸을지도 모른다.

"장례식장을 떠나며 생각했다.
한편으론 직장생활이 그립고, 그들이 부럽고,
헤어지는 것이 아쉬워서
꽤 오랫동안 잘난 척 떠들어 댄 것을 그들은 알까?"

기업들이 가장 바쁜 월말에 교육 스케줄은 비교적 여유가 있다. 독립한 첫 달 월말에 사무실을 함께 사용하는 원장과 점심을 먹으며 낮술로 소주를 한잔했는데, 아 이런 세상도 있었구나 싶었다. 신세를 지고 있으니 거절할 수 없어 예의상 한 잔 받고 한 잔을 드렸다. 술을 권한 원장님의 표현으로는 낮에 먹는 술은 1차로 끝나고 많이 먹지도 않아 실수할일이 없어 매우 경제적이라고 예찬한다.

회사에 소속되어 있을 땐 월말이면 곧 전쟁터에 나가야 하는 사람처럼 점심도 허겁지겁 먹어치웠고, 편두통 약을 달고 살 만큼 스트레스가 심했다. 이렇게 여유 있는 점심에 소주를 한잔하고 취기가 오르는 걸 느끼는 그 순간이 이상한 나라의 엘리스라도 된 기분이었다. 4월에 독립했고 사무실이 광화문에 있어 낮술을 한 뒤 봄볕을 받으며 산책하고 세종문화회관 뒤편을 거닐면 무료 공연을 볼 수 있다. 천천히 도심을 걸어 백화점으로 가 취기가 서서히 옅어지는 기분을 고스란히 느끼며 쇼핑을 하고 사무실로 돌아오면 퇴근 시간이다. 월말에 고작 하루이틀 정도였지만 대낮에 이런 여유를 가져 본 것이 처음이라, 이래도 되는 건가 싶을 만큼 정말 다른 세상에 온 기분이었다.

회사생활 내내 뛰어다니고 날아다니며 일했다. 주위에서 눈여겨본 사람들은 늘 뛰다시피 걷는 모습과 환한 미소를 기억했다. 누가 그렇게 근무하라고 독려한 것은 아니다. 남들보다 열악한 여건에서 가족과 꿈을 위해 스스로 담금질했던 시간이다.

회사에서는 업무의 일환으로 처음 술을 접했다. 월 마감을 마치고 살벌한 분위기의 회의가 끝나면 독려 차원의 회식이 이어졌다. 당근과 채찍의 논리였으나 술이 취하는 기분을 느끼고 즐긴다는 생각은 못 했고, 의무적으로 마셨던 기억밖에 없다. 주법과 함께 요령껏 컵과 물수건에 술을 잘 버리는 테크닉까지 배우는 업무의 연장이었다. 여자는 술을 못해도 흠이고 너무 잘 마시면 흉이 되었다. 요령껏 마시고 적당히 분위기를 맞춰야 해서 업무 못지않게 늘 긴장해 있는 자리였다.

덕분에 남성들의 술 문화는 이해하게 되었다. 남자는 과묵해야 한다는 이상한 틀에 갇혀 술이 들어가지 않으면 속에 있는 말을 잘 못 한다. 서로 대화하자고 모인 회의에서도 대부분 상사 혼자 떠들고 나머지는 듣고 있을 뿐이다. 남자들이 '술 한잔하자'는 것은 여자들이 '커피 한잔해요' 하는 것처럼 대화 좀 하자는 의미라는 것도 이해하게 됐다.

여자가 말이 많다고 하지만 술 취한 남자들은 여자보다 10배만큼 말이 많다. 한 말 또 하고, 한잔 더 하고 처음부터 다시 말하고, 서로 잘났다고 떠들고, 벽 보고 각자 떠들고······ 밤을 지새워도 부족할 만큼 말이 많지만 다음 날은 너무 천연스럽게 묵언수행하는 스님처럼 앉아 있다. 평소에 겸손한 남성도 술만 취하면 너무 잘났다. 모두 한 수 아래인 후배고, 자기가 한 수 가르쳤으며, 유명 인사는 다 고향 선후배로 호형호제하는 사이이다. 남자들이 술자리에서 하는 말은 거의 허풍이라는 것을 알기 전까진 다리에 쥐가 나도 참고 앉아서 "정말요?"를 연발하며 진지하게 들었다.

어쩌면 가끔은 동료와 한잔하고 미친 듯이 수다라도 떠는 남성이 건강하게 사회생활을 더 오래 버틸 수 있지 않을까 하는 생각도 한다. 심리학자의 이론을 빌리면, 신체적 스트레스는 쉬어주어야 하고, 정신적 스트레스는 대화로 풀어야 한단다. 여성들이 커피를 마시며 함께 수다를 떨어주는 동료가 없다면 버텨내기 어려운 것과 같지 않을까.

그러나 삶은 늘 그리 녹록하지 않았다. 장점이 있으면 단점이 있고 행복한 날은 마냥 지속되지 않는다.

"오늘부터 방송 스케줄이 없으면 그냥 실업자에요. 스케줄이 있어도 늘 불안하고 초조해요. 그래서 안정적인 직업을 하나 가져야지 하는 절박감에 사업에 손댔다 모두 날리고서 또 사업을 하게 돼요."

프리랜서를 선언한 잘나가는 한 방송인이 TV 프로에서 하는 말을 듣고 고개를 마구 끄덕였다. 나도 늘 그런 마음을 갖고 있다. 독립하고 매일 통장에 현금이 입금되지, 누가 뭐라 간섭하지 않지, 더 열심히 하라고 독려하는 사람도 없지, 낮에 술 마시고 '아 이런 세상도 있구나' 하는 행복감에 잠깐 취해 있을 때 경고등이 켜졌다. 8월 휴가철은 강의 스케줄이 많이 준다. 스케줄이 없으면 통장에 돈이 들어오지 않고 비용은 더 나간다.

'스케줄이 계속 안 들어오면 통장에 들어오는 돈이 제로일 수도 있겠구나.'

이런 무서운 압박감을 늘 갖고 있다. 스케줄이 없으면 운동도 하고 좀 쉬기도 해야 하는데 그러지 못한다. 스케줄이 꽉 차면 몸이 피곤하고, 스케줄이 없으면 초조해서 쉴 수가 없다. 예고 없이 바로 그날부터 실업자가 될 수도 있다는 것은 무서운 두려움이다.

기회는 고민을 해야 보이고,
움직여야 잡을 수 있다

'강의가 없을 때도 안정적인 수입을 유지할 수 있는 방법이 없을까?'

새로운 수입원을 고민하기 시작했다. 나는 두 가지 일에 매달리는 성격은 못 되므로, 지금 하고 있는 일에서 투 잡이될 만한 일을 찾아보자는 생각을 하던 중 기회가 왔다. 세 번째 책을 새로운 출판사에서 출간하게 된 것이다. 다산북스의 김선식 사장이 창업을 하면서 첫 작품으로 나의 책을 출간하고 싶다고 찾아왔다.

"책은 어느 출판사에서 출간하는가보다 편집자가 그 작품에 얼마나 열정을 갖느냐가 중요 합니다."

그 말에 바로 "예스." 했다. 열정을 이길 수단이나 노하우는 없다는 것을 잘 알고 있었고, 한 사람의 창업에 도움이 된다면 보람은 덤이 되기 때문이다.

김 사장은 정말 열정을 다했고, 책 출간 이후에도 광고할 자금 여유는 없었지만 몸으로 부딪히는 홍보에 최선을 다했다. 교보문고와 협의하여 저자 사인회 일정을 잡았다. 연예인이나 정치인 등을 제외하고는 저사 사인회가 흔치 않은데 세종문화회관 컨벤션홀을 빌려 저자 특강과 사인회 일정을 준비했다.

독자들이 과연 몇 명이나 올까? 너무 썰렁하면 어떡하지? 행사가 취소되는 것은 아닐까? 하는 우려를 많이 했다. 얼마나 스트레스를 받았으면 악관절통까지 왔는데 두통약을 먹어도 듣지 않아 병원에서 처방받은 진통제를 먹었다. 다행히도 우려와 달리 넓은 컨벤션홀이 꽉 찼고, 일부 남성들은 뒤에 서서 들어야 할 만큼 많은 독자들이 참석했다. 부산에서 KTX를 타고 올라온 독자도 있었고, 한 기업의 강원권 영업본부에서 관광버스를 빌려 전 직원이 타고 오기도 했으며, 한 남성 독자는 세 번을 읽었다며 오탈자를 일일이 체크해

들고 왔다. 악관절통은 깨끗이 사라졌고 그날 밤은 가슴이 벅차 잠을 이루지 못했다.

행사를 마치고 출판사 직원과 함께 광화문 인근의 맛집에서 저녁을 했다.

"선생님, 오늘 보니 비용을 받아도 꽤 많은 분들이 올 것 같다는 생각을 했어요."

무심코 던진 김 사장의 한마디가 내게 동기부여가 되어 새로운 기회를 만들어주었다.

출판기념회 이후 세미나 투어 프로그램과 일정을 기획하고 실천에 옮기게 되었다. 기업 초청 강의와 달리 세미나는 내가 강의장을 렌트하고, 광고 DM을 만들어 홍보하고, 교재를 제작하는 비용이 선투자되어야 한다. 또 스케줄을 비워두어야 하기 때문에 신청자가 없으면 꽤 큰 손실이 발생한다. 직원과 함께 많이 고민했다. 결론은 "무조건 도전해보자!"였다. 만약 실패하면 내 상품가치를 확인하게 되는 거고, 성공하면 대박인 것이다. 새로운 도전에 용감한 성격 탓에 시도했다. 세미나는 한 지역에서 2회 이상 진행할 만큼 성공적으로 마쳤고 제주도 세미나까지 하게 되어 직원과 제주도 관광을 하면서 세미나 일정을 마무리할 수 있었다.

이 경험을 통해 기다리기만 하는 스케줄이 아니라, 먼저 프로그램을 만들고 세미나장을 빌리고 세미나 일정을 잡아 교육생이 찾아오는 스케줄을 만들어내는 투 잡을 시작하게 됐다. 초청 강의는 시간당 비용을 받고 진행한다. 시간은 한정되어 있고 공휴일과 여름 휴가철, 연말 등에는 스케줄이 줄어 프리랜서의 초조함을 늘 가질 수밖에 없다. 하지만 내가 직접 일을 만들고 수익을 창출할 수 있다면 그런 초조함에서 자유로워질 수 있다.

언제나 어디서나 반반의 확률이 있다면 도전해야 기회가 생긴다는 것을 실감했다. 과감한 도전이 있어야 성장이 있고, 도전이 없으면 그 자리에서 머무는 게 아니라 마이너스 성장을 하게 된다. 직장인이든 사업가든 개인 경쟁력을 가진 프리랜서든 간에 변화하는 시대에 맞춰 새로운 도전을 하지 않으면, 현상유지는 희망일 뿐 마이너스 성장을 하게 돼 경쟁력을 잃게 된다. 그러나 무작정 도전하면 안 되고 자기 경쟁력을 분석해 가장 성공 확률이 높은 기회를 선택해야 한순간에 모든 걸 잃는 악수를 막을 수 있다.

"언제나 어디서나 반반의 확률이 있다면
도전해야 기회가 생긴다는 것을 실감했다.
과감한 도전이 있어야 성장이 있고,
도전이 없으면 그 자리에서 머무는 게 아니라
마이너스 성장을 하게 된다."

창업을 하고 잘나가다가 어느 순간 와르르 무너지는 경우를 많이 본다. B기업의 교육팀 W과장이 사표를 내고 화곡동에 황태해장국집을 오픈했다. 고향이 강원도이고 부모님이 조그맣게 황태덕장을 운영해 좋은 품질의 황태를 원가에 공급받는다고 했다. 개업 축하 화분을 보낼까 했는데, 20평이 채 안 되는 작은 규모라 화분은 필요 없다고 하여 서너 달 뒤 몇 분의 손님을 모시고 식사를 하러 갔다. 그런데 앉을 자리가 없을 만큼 손님이 많았다. 몸은 피곤하지만 수입도 회사 다닐 때 급여보다 낫고 매일 가족 얼굴 보고 함께 잠들 수 있어서 만족한다며 여유 있는 표정을 지었다. 장사가 잘되자 1년 뒤 아파트 담보 대출을 받아 50평 규모로 가게를 확장했고, 삼겹살 등의 메뉴를 추가하고 인테리어도 바꾸었다. 그러나 오히려 손님이 줄어 계속 적자가 나 결국 큰 손해를 보고 식당 문을 닫았다.

A기업 울산 지역의 한 대리점 사장은 회사 세미나에서 만났는데, 이후 대리점 자체 교육을 한 달에 3~4회 정도 꽤 오랫동안 진행했다. A기업의 연구실에 근무하다 해외근무 일수가 많아 삼십대 후반에 사표를 내고 고향인 울산으로 내려가 아내와 함께 자사 대리점을 오픈했고 3년 만에 전사 탑 수준에 올려놓았다. 사장에게 "부자 아빠의 야망을 갖고 계시죠?" 했더니 부인이 "그걸 어떻게 아셨어요?" 하며 반가운 동지를 만난 듯 고충을 털어놓았다.
"우리 사장님 야망이 너무 커서 제가 감당하기 어려워요."
"그런 야망을 갖고 계시니 대리점을 빠르게 성장시키셨죠."
다른 대리점 사장들에게 견제를 받을 만큼 계속 매출이 성장해 10층 건물의 2개 층을 분양받을 정도였다. 곧 단독 건물에 대리점 간판을 걸겠구나 하는 그림을 그려보게 됐다. 사장도 잘생겼지만 아내는 보기 드문 미인이고 늦둥이 딸까지 낳아 남매를 키우며 부러움을 잔뜩 살 만큼 아쉬움 없이 돈을 쓰며 멋지게 살았다.

그런데 몇 년 뒤 사장이 자신의 승용차에서 자살로 생을 마감해 큰 충격을 받았다. 큰돈을 번다는 소문이 나자 고향 친구들이 많이 찾아와 자주 어울리며 술자리를 가졌다고 했다. 그는 친구들이 권하는 여러 새로운 사업에 투자를 했고 주변은 물론 직원들에게까지 투자를 받아 부채를 감당할 수 없는 상황에 놓였다. 부인이 능력도 있고 관리를 잘해 자사 대리점 운영은 잘되고 있었지만 부채 때문에 직원에게 넘겨주고 친정집으로 가게 되었다. 부자 아빠의 야망을 가졌던 남편은 결국 가족들에게 부채만 남기고 세상을 떠났다.

성공 경험은 화를 부르기도 한다. 퇴직하고 불과 몇 년 만에 사업이 잘되고 큰돈을 만지게 되니 어떤 사업이든 성공할 수 있다는 지나친 자신감에 과감한 투자를 한 것이다. 주변에서 자본 여유가 있다는 정보를 알고, 자신감을 부추겨 투자를 유인하기 때문이다. 아주 똑똑하고 능력이 있는 사람도 종종 지인이란 관계에 얽혀 큰 실수를 하곤 한다. 그런데 가만히 들여다보면, 지인의 말을 믿었다기보다 본인의 지나친 자신감 때문에 어이없는 실수를 하게 되는 경우가 많다.

'정말 성공을 확신하는 아이템이라면 왜 굳이 내게 투자를 권할까?'라는 합리적 의구심을 갖기보다, 내가 능력이 되니까 투자를 권유받는다고 생각하고, 다른 사람은 실패해도 나는 해낼 수 있다고 자신한다. 이런 생각에 사로잡혀 있으면 가족이나 아끼는 지인이 부정적인 의견을 내도 화를 내며 무시해버린다. 투자를 권유하는 지인에 대해서도 아이템보다 더 철저히 분석해보아야 하지만 의외로 그런 부분에 소홀하다.

사업이 잘되어 확장할 때도 창업을 결심할 때와 마찬가지로 초심의 열정과 신중함을 가져야 한다. 확장하려는 분야가 처음 생각했던 사업의 방향과 맞는지, 고객이 우리에게 원하는 기대치에 부응하는 것인지 충분히 검토하고 테스트를 통해 검증하는 과정을 거친 다음 결정해도 늦지 않다.

어느 순간은 용기 내어
결단을 내려야 한다

신입사원 시절 선배로 만나 업무적으로 많은 도움을 받고, 후에는 동료로 근무하게 되었어도 사심 없이 격려해주던 보기 드문 인품을 가진 K 팀장이 있었다. 그는 외부 교육 컨설팅에서 모두 인정할 만큼 사내에서 가장 뛰어난 강의 능력을 갖고 있었으나, 너무 망설이다 창업 기회를 놓치는 걸 지켜볼 수밖에 없었기에 지금도 늘 안타깝다. 그때 좀 더 적극적으로 조언했더라면, 아내라도 만나 용기 내게 등 떠밀었으면 좋지 않았을까 하는 후회를 종종 한다.

"신 팀장 점심 약속 있어요?"
"아니, 아직은요."

"그럼 점심 같이 할까요?"

12시 5분 전에 엘리베이터 앞에 선 눈치 덕에 줄을 서지 않고 점심을 먹을 수 있었다. 모처럼 꽤 유명세를 떨치는 동태찌개를 그것도 특실이라 부르는 안채에서 먹을 수 있었지만 20분을 채 넘기지 못하고 쫓기듯 일어섰다. 줄을 서서 기웃거리는 사람들의 눈총이야 모른 체한다 쳐도 "조금만 기다리세요. 3번 테이블 두 분 식사 다 끝나 갑니다." 하는, 먹었으면 냉큼 일어서라는 주인의 독촉은 지시에 가깝다. 한 사람이 점심을 사면 다른 사람이 커피를 사던 점심문화가 IMF 이후 없어지고 다음 날 밥을 사는 분위기로 바뀌었다. 그러나 점심시간이 30분이나 남아 있었다.

"커피는 제가 살게요."
"커피는 사무실에 가서 먹고…… 좀 걷죠."
그런 심각한 표정은 처음 보는지라 하자는 대로 따랐다.
"신 팀장, 혹시 점집 아는 데 있어요?"
"예? 웬 점집은요."
"연초에 승진 운 한번 안 봐요?"
"일주일 동안 저한테 점심 사요. 승진 운은 제가 확실히 봐드릴게요."
"……"

"점집 같은 데는 여자들이 잘 아는데······."

"신 팀장은 여자 아닌가요."

"전 회사원이잖아요. '목표 달성'만 외치는······. 와이프하고 같이 가보세요."

"······."

"와이프에게 말 못 할 사연이 있군요. 혹시 바람피운 여자가 집으로 쳐들어간대요?"

"······."

"알았어요. 점심값으로 지점 영업팀장들에게 물어 족집게 점집으로 예약해줄게요."

아기 동자를 모신다는 신녀는 작은 종이 여러 개 달린 무령을 흔들어 대더니 아기 목소리로 돌변했다. "오빠 밥줄 놓겠네. 오빠 각시도 함께 밥줄 놓네." 그 뒤에도 몇 마디 더 한 것 같은데, 첫마디에 충격이 워낙 커서 다른 말은 기억이 없다. 점집을 나왔으나 그냥 갈 수 없어 근처 식당으로 들어갔다. 생맥주 한 잔을 다 비울 동안 말이 없었지만 평소처럼 농담을 할 수 없었다. 함께 취하지 않고 동료와 술자리에 앉아 있는 것은 중노동보다 더 피곤하다. 시계를 몇 번 보다가 성급한 사람이 우물 판다고 먼저 말을 꺼냈다.

"회사 그만두게요? 와이프 돈 잘 번다고 자랑하더니, 때려치

우래요? 맛깔스런 김 팀장 강의 못 들으면 서운해서 어떡해요."

"상무님이 점포장으로 다시 나가든지 아니면 사표 내래요."

"지점장이 아니라 점포장이요?"

"......."

"그게 말이 돼요? 지점장하다 들어와서 업무팀장 하고 있는 사람에게 점포장으로 나가라니 고등학생을 중학생으로 강등시키는 거와 다를 바 없잖아요. 그런 황당한 말이 어디 있어요."

"......."

"보란 듯이 사표 내고 교육 컨설팅 회사 차려요. 능력 되는데 뭘 망설여요."

"사내에서 강의 좀 한다는 평가 가지고 무슨 창업은……."

"상무님 한마디에 벌써 기가 죽었어요? 회사에서 그 정도면 내 사업하면 더 잘할 수 있죠. 죽기 살기로 매달리면 못하겠어요? 외부 강사들보다 교육생 평가도 더 잘 나오잖아요."

"그거야 회사 내부니까 선후배 점수에, 교육 니즈를 알고 접근해서 그런 거지."

"그럼 다시 점포장으로 나가기라도 한다는 말이에요? 어떻게 이전 부하직원들과 동료로 회의에 참석할 수 있어요. 눈치 백단인 조직들에게 어떻게 리더십 발휘하고 동기부여를 할 수 있겠어요. 걱정 말고 창업해요. 보란 듯이 멋지게 해낼 수 있어요."

"회사 내에서 강의하는 것 하고 창업해서 프로로 뛰는 건 생각처럼 그렇게 쉽지 않고…… 교육학 공부도 더 해야 하고."

"시작하고 야간에 전공수업 들으면 되지요. 하려고 달려들면 방법이 있겠죠."

"아내도 사표를 내는 상황이라 둘 다 직장을 그만둘 수는 없어요. 아기 보살 전쟁이 말이 사실이었어요."

직장에서도 사람의 인연이 있는 듯하다. K팀장과는 신인 점포장 워크숍에서 진행자와 교육생으로 처음 만났다. K팀장은 교육과장이었는데 나이에 맞지 않게 대머리에 배가 나오고 사람 좋은 아저씨 미소를 지니고 있었다. 교육 진행 내내 한 명 한 명 친근감 있게 소통하고, 직접 했던 조직관리 강의는 정말 재미있어 오랜 시간이 지났는데도 듣고 있는 것처럼 기억이 선명하다.

"조직관리 하나도 어려울 게 없어요. 귀를 열고 들어 줘 좀. 듣다 보면 해결책이 나온다니까. 여성 조직들은 무조건 눈 맞추고 고개를 끄덕이며 자기 말에 귀 기울여주는 남자에게 빠져들게 되어 있다니까. 잘생긴 남자를 좋아하는 게 절대 아냐. 그럼 나 같은 놈은 혼자 살아야 하고, 회사생활도 벌써 쫑 났게. 이렇게 들어줘. 순희 씨, 그 남자가 너무 좋아서 사랑을 하게 되었다는 이야기죠. 그런데 그 나쁜 놈이 방앗간으로 유인했다 그 말이죠. 결혼할 사이인데 어떠냐고, 나만 믿으라고 그랬다는 말이죠. 그래서 임신을 하게 되었는데 그만 그놈이 한양으로 도망가서 죽고 싶은 심정이라는 거죠? 이렇게 들어주고 맞장구쳐주면 모든 걸 털어놓고 결론도 자기 스스로 낸다니까. 그래도 아이 때문에 살아야 할 것 같아요. 그렇게 자기가 결론을 낸다니까. 네가 좋아서 낳았으니 책임져야 한다고 먼저 답을 주면 절대 말 안 들어먹어. 여자들은 하라고 강요하면 더 안 해요. 아내들이 남편이 하란다고 하는 거 봤어?"

교육생 모두 정신없이 웃다 보면 한 시간이 금방 지나갔다. 왜 반말을 하느냐고 항의하는 교육생도 없고, 우리 조직이 처한 상황과 맞는 실질적인 사례를 들어 달라고 부정적인 반응을 보이지도 않았다. 모두 너무 재미있고 좋았다는 인사들만 했다.

강사는 남자이고 빼어난 미남이 아니면 더 유리하겠다는 생각을 했다. 만약 여자가 반말을 하면서 그런 유머로 강의를 했다면 분위기는 싸한 정도가 아니었을 것이다. 어떻게 저렇게 밉지 않고 정이 가는 인간적인 품을 가진 분위기를 지니고 있을까 하는 부러움을 갖게 했다. 워크숍에서 밤늦게까

지 대화를 많이 나누고 교육 이후에도 성공 사례 강의를 종
종 부탁해와서 업무팀 직원으로는 유일하게 안면을 트고 지
냈다.

참 좋은 사람의 향을 지녔고 회사 내에서 최고의 강사였다.
부인이 같은 금융권 과장으로 능력 있는 커리어 우먼이라 당
시로는 사치성 운동으로 여기던 골프를 하고 밥도 잘 사고
술도 잘 사 싫어하는 사람이 없을 만큼 인기가 있었다. 욱하
는 성격도 있었지만 단순하게 욱하고는 바로 푸는 편이라 그
성격마저 더 정이 가는 그런 사람이었다.

K팀장은 결국 용기를 내지 못하고 점포장 보직을 받고 1년
을 버텨낸 다음 지방 지점장으로 갈 수 있었다. 아마도 교육
팀에서 오랫동안 근무한 탓에 산업교육 분야를 너무 잘 알
고 있어서 쉽게 결정하지 못했을 것도 같다. 창업 이후 지방
강의차 갔다가 잠깐 들러 차를 한잔했다. K팀장은 "잘난 것
도 없는 주제에 강의는 무슨" 하면서 여전히 사람 좋은 미소
를 지었다.

여름이었는데 잔기침을 자주 해 "운동 중독 아니에요?" 하
고 농을 했더니, 와이프도 전화로 병원 가보라 성화라고 했
다. "젊은 놈이 영업도 못하면서 무슨 감기로 병원은" 하는

농을 주고받았다. 혼자 자취하며 문화도 다른 지방에서 지점장 하는 것이 쉬워 보이지 않았다. 직원 시켜 열차표 바꾸어 오게 할 테니 저녁에 맥주 한잔하고 밤차로 가라고 붙잡았는데, 그 모습이 왠지 떼쓰는 동생 떼어놓고 오는 듯 안쓰러운 마음이 들었다.

6개월쯤 뒤 다시 그 지역 강의가 잡혔다. 이번에는 맥주 한 잔하고 와야지 싶어 표를 예약하기 전에 전화를 했더니 병가를 냈다고 했다. 담배도 안 하고 운동도 열심히 하고 유전력도 없는데 사십대에 폐암 말기 진단을 받았다고 한다. 수술 후 4년 뒤, 막 오십을 넘긴 나이에 세상을 떠났다. 겨우 중학교 고등학교 다니는 딸 셋의 배웅을 받으면서 말이다.

장례식장에서 K팀장의 한 후배가 대낮에 연거푸 소주잔을 비웠다. 죽기 한 달 전쯤 지점에서 특강을 한번 해주고 싶고 강의하는 장면을 녹화해달라고 부탁하여 빠진 머리에 모자를 쓰고 깡마른 모습으로 강의를 했단다. 강의하는 모습은 예전처럼 열정과 유머가 넘쳐 조직 모두에게 큰 감동을 주었다는 추억담을 하고 또 하며 눈물을 쏟아 함께 앉아 있던 선후배 모두 눈물을 슬쩍 훔쳤다.

산업강사가 천직이었던 사람이다. 만약 그때 용기 내어 독립해서 산업강사가 되었다면, 점포장으로 다시 나가 후배들과 회의에 참석해 스트레스 받고 지방에서 혼자 지내는 쓸쓸함을 겪지 않았다면, 아직 살아서 산업교육 분야에서 우뚝 서 있지 않았을까. 좋은 향이 나는 인품과 미소로 많은 교육생들의 삶에 영향을 주고, 주말이면 골프 즐기고 세 딸과 아내와 TV 채널권을 다투며 행복하게 살아가고 있지 않을까? 자기가 정말 좋아하고 잘하는 일을 하면서 행복하게 나이 들어가고 있을 것 같아 아직도 많이 안타깝다.

백 퍼센트 완벽한 경쟁력을 가지고 독립할 수는 없다. 절반의 경쟁력이 있고, 위험할 만큼 큰 자본이 있어야 하는 일이 아니라면, 용기 내어 시작하고 절반의 경쟁력은 열 배의 노력으로 채워볼 수 있다. 어느 순간은 너무 많은 생각을 하기보다 용기 내는 결단이 필요하다. 가장이라는 책임감 때문에 죽을 만큼의 스트레스를 감내하는 것보다는 가족의 행복을 위해 새로운 도전을 하고 죽을 각오로 성공해내는 용기와 실천이 필요하다.

"백 퍼센트 완벽한 경쟁력을 가지고 독립할 수는 없다.
절반의 경쟁력이 있고, 위험할 만큼 큰 자본이 있어야 하는
일이 아니라면, 용기 내어 시작하고
절반의 경쟁력은 열 배의 노력으로 채워볼 수 있다.
가장이라는 책임감 때문에
죽을 만큼의 스트레스를 감내하는 것보다는
가족의 행복을 위해 새로운 도전을 하고
죽을 각오로 성공해내는 용기와 실천이 필요하다."

점점 삼십대와 비즈니스할 일이 많아진다. 아들 또래와 소통해야 하는 즐거움과 어려움이 동시에 있다.

A기업의 전국 영업지사 교육 프로그램을 '위대한 탄생'과도 같은 입찰 경쟁력을 통해 따냈다. 교육컨설팅 업체 중 30곳을 1차 선정하여 제안서를 받고, 그중 10개 업체를 선발한 다음 2차로 프로그램 PT를 진행했다. 여기서 임원, 영업팀장, 교육팀장, 교육과장의 점수를 합산해 업체를 선정하고, 비용 제안을 다시 받아 최종 결정을 하는 아주 어려운 단계를 거쳐 간택되었다.

내가 제안한 프로그램은 3개월짜리 프로그램이었다. 아무리 좋은 교육 내용이고 세계적인 명강사가 와도 교육의 동기부여 효과는 일주일, 길어도 한 달 이상 지속되기 어렵다. 문제는 실천인데, 성과를 낼 수 있는 좋은 습관이 몸에 익숙해지고 교육생 중에서 좋은 성과를 내는 사람이 나타나 서로 비전을 확인할 수 있는 분위기가 정착되려면 교육이 3개월은 지속되어야 한다. 전국 지사를 지역별로 모아 한 주에 한 번씩, 3개월 동안 지속적으로 피드백하며 진행하여 실질적으로 영업 활성화를 꾀한다는 목적을 갖고 회사 담당자와 함께 움직이게 되었다.

"내 차이니 내가 운전할게요."
"그러시겠어요."

불편한 기색 없이 너무 편하게 앉아 있다. '피곤하실 텐데, 운전 교대하자'는 말을 한 번도 안 하네? 예의상 한 번은 해야 하는 거 아닌가 하고 생각한다.

"휴게소에서 잠깐 쉬어 가요. 커피 한 잔씩 하고 갈까요? 어떤 커피 마실래요?"
"전 카라멜마키아또 먹어도 되죠?"
"그, 그럼요."

"원장님은요?"

"아…… 전 아메리카노로 할래요."

실은 나도 라떼를 먹고 싶었는데. 커피 값으로 만 원이 넘으면 아깝다는 생각이 들었기 때문이다. 그래서 커피를 대접받는 경우에도 늘 아메리카노 또는 오늘의 커피를 시키고 그게 배려라고 생각하는 편이다. 둘이 소주를 마셔도 2~3만 원은 족히 되는데 커피 값에 인색한 것은 이해가 안 된다고 하면 할 말은 없지만, 커피 한 잔에 5천 원은 내 돈이든 남의 돈이든 너무 아깝다. 싸가지 세대는 커피 값에 돈을 아끼지 않고 꼰대 세대는 소주 값에 돈을 아끼지 않는다.

오전 10시부터 오후 2시까지, 오전 2시간은 섭외한 강사의 강의를 피드백하고, 오후 2시간은 직접 강의를 한다. 그러고 나서 1시간 동안 지사장들과 피드백 미팅을 갖는 프로그램이라 피로감이 높은 진행이다. 그런데 이동 중에 노트북을 들어준다는 예의상의 인사말도 없다.

새벽에 서울에서 진주로 내려가 프로그램을 진행하고, 다음 날 진행지인 울산까지 운전을 해 밤 9가 되어서야 호텔에 도착했다. 하루 종일 제대로 먹은 것도 없었다. 짐만 내려놓고 호텔 로비에서 만났다.

"뭐 드시겠어요?"

"글쎄…… 김 과장 좋아하는 것으로 먹죠."

"그럼 매운 짬뽕 먹으러 갈까요?"

아니 하루 종일 운전하고 강의하고 힘들어 돌아가시겠는데 짬뽕 먹자는 거야? 싸가지 세대는 상대방 의중을 전혀 배려하지 않고 자기감정에 솔직하고, 꼰대 세대는 앞에서는 상대를 배려하고 꼭 뒤에서 삐진다.

교육과정이 끝날 때쯤이 되어서야 알게 되었다. 넉넉한 집안에서 막내아들로 태어나 대학 나오고 직장 다니고, 결혼할 때도 어머니의 지원으로 작은 아파트에서 시작하고, 와이프와 맞벌이하는 엄친아로 어려움이 뭔지 잘 모른다. 자기 의사를 당당히 밝히고 직장생활도 열심히 한다. 먹고 싶은 것, 하고 싶은 것은 참지 않고 당당하게 행동하는 당찬 삼십대인 것이다.

자기 역할의 업무 처리는 정확하고 깔끔했다. 뜸 들이지 않고 의사를 분명히 하는 것일 뿐 경우가 없는 것이 아니었다. 회사 결제가 좀 늦어지니 충분히 교육의 기대효과를 냈다는 정확한 데이터를 제출해 결재를 받아 입금처리하는 민첩함이 있었다. 꼰대 세대에 비해 회사 눈치를 적게 보고 자기 업무 소신을 지키려는 태도를 지녔다. 꼰대 세대는 회사 눈치에 민감한 편이라 업무 소신을 요구하기보다 명분을 만들어 주는 데이터나 상황을 제시하는 게 효과적이다.

"어머니, 친구분들과 함께 여행 가세요."
"되었다, 안 갈란다."
"그러지 말고 가세요."
"입고 갈 옷도 마땅치 않고, 그만두련다."
"그러세요. 그럼."

우리 시어머니도 그때 내게 '싸가지 없는 것' 하셨을 테지. 가고 싶으면서도 자식이 사정사정하면 떠밀리는 척 가시는 시어머니와 다를 게 없는 내 모습이 보인다.

그들이 싸가지 없는 것이 문제가 아니라, 절반은 구세대이고 절반은 신세대에 걸치고 있는 얼치기 세대인 내가 문제였다. 해외 영업을 20년 동안 해온 D사의 김 부장은 우리 세대인데도 당당하고 자신감이 넘치고 의사 표현이 정확했다. 인사로 '체격이 좋으세요. 운동 열심히 하시나 봐요.' 하면 바로 '예, 근육이 삼십대 못지않아 외국 여성들에게 인기가 좋습니다.' 하며 당당히 칭찬을 받는다. 해외에서는 예의상 겸손을 표현했다간 비즈니스를 할 수 없기 때문에 습관이 되었다. 그런 당당함이 몸에 밴 회사에서는 손해를 보는데, 좋은 영업실적을 내면서도 임원들께 밉보여 본부장 인사에서 매번 고배를 마셨다.

사회생활에서뿐만 아니라 가정에서도 젊은 세대와의 소통은 쉽지 않다. 젊은 세대의 사고방식과 문화. 가치관은 너무 빠른 속도로 달려가고, 여기 조금 저기 조금 걸친 세대는 어느 한쪽으로 방향을 정해 머물 수도 빨리 따라갈 수도 없다. 그나마 다행인 것은 아들을 보면서 비즈니스 대상의 젊은 친구들을 보면 조금 더 이해하게 된다. 우리 아들은 아직 철이 없는데 저 젊은 친구는 참 성숙하네, 하는 생각에 높이 평가하게 되고 비즈니스를 하면서 본 젊은 세대를 통해 우리 아들을 이해하게 된다. 그래, 우리 아들도 집에서 보아서 그렇지 사회에서 직장에서 보여지는 모습은 다를 거야. 내가 집에서 머리 산발을 하고 일요일이면 늦게 일어나 TV 채널을 계속 돌리고 있는 모습이 전부가 아니듯이 우리 아들도 나가서는 성숙하게 잘 해낼 거야 하고 신뢰하고 잔소리를 줄이려고 있는 힘을 다한다.

아들과는 대화가 한 시간씩 이어질 때가 있는가 하면, 1~2분 만에 결렬되기도 한다. 남편과 아들은 아예 소통이 안 된다. 그나마 중간에서 나를 통해야 서로 안부라도 확인한다.

"너 공무팀으로 옮겨서 많이 힘들겠다. 공무가 장난 아니게 힘들다며."

"어떻게 아셨어요?"

"아드님이 새 업무로 옮겼다는데 그 정도 상식은 가져야지. 네이버에 물어보니 처음 업무 배울 때 머리에서 쥐 난다며."

"예, 설계도면 익혀야지, 회계 익혀야지, 자료양식 배워야지, 정신이 하나도 없어요."

"그래서 그렇게 피곤해 보이고 세상 귀찮은 표정으로 짜증이 늘었구나. 어떡하니."

"업무 다 익히고 나면 공사보다 편한 면도 있어요."

"그럼 좋은 기회네. 새 상사는 어때?"

"능력 있는 분이에요."

"성격은 어때?"

"성격도 좋아요."

"능력 있고 성격 좋으면 대박인데? 그러기 어렵잖아."

"한번씩 욱하는 성격은 있어요."

"원래 능력 있는 사람이 한 성격 하잖아. 아드님도 한 성격 있으시잖아요."

"흐흐."

"특별히 어려운 점은 없니?"

"공무팀에 대리, 과장이 없고 팀장과 저 단둘이라 사원으로선 하기 어려운 업무를 던져줄 때가 있어요."

"힘들겠네. 그럴 땐 어떻게 대처하는데?"

"내가 사원인 거 알고 맡겼고, 무리가 있다는 것도 알고 있을 테니 일단은 '예, 알겠습니다' 하고 일을 받아요. 그리고 모르는 건 혼자 씨름하며 오래 붙들지 않고, 이 부분은 어떻게 해야 할지 모르겠다고 피드백을 받아요. 혼자 해보겠다고 붙들고 시간 보내면 답답해할 테고, 기일에 쫓기게 되면 짜증 날 테니까요. 그렇다고 일을 받자마자 물으면 너무 무능해 보일 것 같고요."

"와~ 아들 정말 대단하다. 직장인의 정석을 보는 것 같네!"

"기본이죠. 뭐."

"미래 건축업계의 거장이 될 아드님께 이렇게 성의 없는 저녁식사를 대접해서 어쩌지? 앞으론 집에서 저녁 먹게 되면 출발하면서 카톡해. 성의를 다할게."

"괜찮아요, 맛있게 먹었어요."

아들과의 대화가 늘 이렇게 순탄하다면 얼마나 행복할까. 가뜩이나 식구가 없어 썰렁한 큰 집에 한기가 돌고, 아들이지만 정말 밉고 서운할 때도 많다.

"뭐 하다 이렇게 늦었니."

"……."

"지금까지 일한 거야?"

"알면서 뭘 물으세요."

"왜 엄마한테 까칠하게 굴어?"

"피곤하니까 그렇죠."

"그러니까 담배라도 끊으라니까. 건강 해치는데."

"……."

"요즘 담배 피우면 미개인인 거 몰라?"

"그만하세요."

"내가 뭘 얼마나 했다고? 그 정도 의지도 없이 어떻게 성공하겠니."

"성공 못하면 말죠."

"엄마에게 그 정도밖에 말 못 해?"

"……."

이러면 1분 만에 대화는 결렬이다. 아들은 방문 쾅 닫고 자기 방으로 들어가고, 나는 자식에게 한 방 먹은 것 같아 서글퍼진다. 남편에게 서운한 것은 바로 풀리는데 자식에게 서운한 것은 오래간다. 그러나 내가 자초한 일이다. 피곤한 기색으로 들어서면 그날은 대화를 안 했어야 하는데 대화할 기분이 아닌 애한테 염장을 질러놓고 엄마 완장까지 디밀어 이겨보려고 했으니. 그래놓고 또 서운해하는 내가 싫다. "내가 어떻게 저를 키웠는데! 남편 복 없는 년은 자식 복도 없다더니 자식 키워도 하나 소용없는데 내가 무슨 낙을 보겠다고." 하시며 푸념하던 엄마의 모습이 떠올라 더 서글퍼진다.

젊은 세대와 지나치게 소통하려 해도 문제가 된다. 젊은 세대가 너무 맞먹으려 하면 불편한 것처럼 그들도 소통은 좋되 너무 깊숙이 파고들면 "에이 짜증 나!" 하기 때문이다. 소통은 하되 때론 조언을 구하고 싶은 멘토(경험의 지혜가 있는 어른)의 성숙함은 갖고 있어야 한다. 꼭 멘토가 되지 않아도 한쪽 어깨를 내어줄 수 있는 품은 가지고 있어야 한다.

삼십대와는 분명한 의사를 표현하고 식습관도 이해하는 비즈니스를, 구세대와는 겸손함과 헝그리정신으로 소통하는 걸친 세대의 비즈니스를 당분간 해야 할 것 같다. 교육도, 자식도, 대인관계도 나이 먹어 다 안다고 자랑하거나 가르치려 들면 상대는 귀를 막는다. 젊은 세대가 가장 듣기 싫어하는 말은 "내가 너한테 어떻게 해줬는데, 나한테 그럴 수 있어?" 라고 한다.

아들하고 꼭 해야 하는 대화가 있으면 집이지만 머리를 매만지고 정장은 아니어도 아들이 인상 쓰지 않을 정도의 옷을 갖춰 입는다. 대화 주제에 대한 정보를 미리 검색이라도 하고, 엄마 미소를 짓고 아들이 좋아하는 과일이나 커피를 준비해서 아들 방을 노크한다. 칭찬부터 하고 들어주고 인정하고 격려하는 대화를 하려고 무던히 참는다.

그러나 인간인지라 컨디션이 안 좋고 비즈니스가 잘 풀리지 않은 날은 아들이라는 이유로 짜증부터 들이밀게 된다. 그러고는 곧 후회한다. 다 자란 자식에게 돌발적으로 짜증을 내면서 소통하는 척했다는 것을 나보다 훨씬 똑똑한 젊은 세대의 녀석이 모르지 않는다. 그 녀석도 짜증으로 받고 미안한 마음이 남은 채 잠들었을 것이다.

어쩌면 한참의 세월이 지난 뒤 지금의 내가 문득 엄마에게 죄스러워 눈물 한 방울씩 훔치듯 녀석도 그리할지 모른다. 스마트폰을 사용하다 문제가 생겨 인터넷에서 해결책을 찾으려면 10분이 걸리지만 삼십대 아들에게 물으면 1초 만에 해결된다는 걸 안다. 마찬가지로 그들도 부모 세대가 1초면 답을 낼 수 있는 많은 경험과 경쟁력을 갖고 있다는 것을 알아주었으면 하는 바람을 갖는다.

백 번의 격려보다
한 번의 스킨십

회사에서 직장 동료끼리 나누는 잡담은 업무에 방해가 된다고 생각하기 쉽다. 미국 최대 은행인 뱅크오브아메리카(BoA)의 경영진도 이같이 생각했다. 특히 고객과 일 대 일로 대화하는 콜센터에서는 직원 간 대화를 줄여야 업무 효율이 높아진다고 믿었기에 점심시간을 일부러 엇갈리게 배치했다.

하지만 빅데이터 기술 벤처기업인 '소시오메트릭 솔루션즈'가 직원들에게 센서를 부착해 업무 패턴을 분석한 결과, 정반대 결과가 나왔다. 직원들에게 센서를 부착해 대화상대·말투·몸짓 등을 수집해 업무 패턴을 분석해보니 동료와 자주 대화하고 유대감이 강한 팀에 속한 직원일수록 생산성이 높았다고 한다. 그래서 BoA는 1만여 명이 넘는 콜센터 직원들이 팀원들과 점심을 함께 먹을 수 있도록 스케줄을 재조정하고 연간 1500만 달러에 달하는 추가 수익을 올릴 수 있게 됐다. 이 실험 결과는 《포브스》, 《월스트리트저널》 등 미국 주요 언론에 실리고 기존의 경영이론을 뒤흔들었다는 기사를 접했다.

나는 '그렇게 센서까지 부착해 데이터를 구축하고 분석하지 않아도 알 수 있는데……' 하며 기사를 읽었다. 동료끼리 잡담일지라도 말을 많이 주고받는다는 것은 일에 의욕이 있다는 것이고, 서로 유대감이 있는 것이며, 현재 성과가 그리 나쁘지 않다는 반증이다. 때문에 당연히 동료와 말없이 자기 일만 하는 팀에 비해 생산성이 높을 수밖에 없다. 영업조직에서는 이를 분위기라고 한다.

좀 더 구체적으로 잡담의 스토리. 서로의 표정, 눈빛, 잡담을 하는 시간대 등까지 분석하면 어떤 환경을 만들어주고 무엇을 지원해주고 어떻게 코칭하면 어느 정도까지 성과를 낼 수 있겠다 또는 이 정도의 성과가 한계다 하는 데이터까지 예측할 수 있다. 잡담의 내용이 업무와 연관이 많고 음성과 표정이 밝다면 일을 즐기고 있는 것이고, 개인사에 대한 내용이 많고 서로 잘 알고 있는 표정이면 팀워크가 좋은 반면 업무 집중도는 좀 떨어진다고 볼 수 있다.

백 번 격려하고 코칭하는 것보다 직접 조직의 분위기를 눈으로 확인하면 쉽게 답을 얻을 수 있다. 고객과도 백 번 통화하는 것보다 맨투맨으로 부딪혔을 때 좋은 답이 나오는 것과 같다. "노No!"라고 거절하는 고객의 시선, 표정, 제스처를 보면 노여움이 있는 단호한 거절인지, 아쉬움이 묻어 있는 거절로 여지가 있는지, 미안함이 있는 거절로 이미 타사와 계약을 진행하고 있는 것인지 가늠할 수 있다. 또 구매 결정 여부를 갈등하는 거절인지, 타사와 비교하는 갈등인지 계약 시점에 대한 갈등인지 감을 잡을 수 있어 그에 맞춰 대처할 수 있다. 영업 경력이 있고 성공 의지가 있는 사람이면 누구나 파악할 수 있다. 갈등이 있든 어떻든, 서로 말을 섞지 않으면 죽은 조직과 같다.

이는 부부 사이도 마찬가지이다. 늘 싸우는 부부는 그렇게 싸우면서 평생을 살아가지만 한 번의 다툼도 없이 우아하게 살아가는 부부는 어느 날 갑자기 2주 후에 법정에서 보게 된다.

창업 후 좀 더 일찍 독립할걸, 아니 교육컨설턴트가 아니라 장사로 독립할걸 그랬나 하는 후회를 하게 만든 여사장이 있다. 그녀는 결혼 전 은행원이었고 아이를 낳고 전업주부로 지내다 삼십대 중반에 화장품 영업을 시작했다. 3년쯤 되어 영업사원의 중간매니저 격인 팀장을 하고 있을 때 남편의 지원과 코칭으로 화장품 지사를 냈다. 영업조직을 통해 매출을 올리는 화장품 방문판매 지사(대리점)를 오픈한 것이다.

짧은 영업 경력으로는 영업조직을 육성하고 리드하는 것이 쉽지 않은데 제약회사에서 영업을 하던 남편의 코칭과 지지가 큰 힘이 되었다. 딱 10년 만인 사십대 중반에 전사에서 3위 안에 드는 탑 지사로 성장했고 남편은 아내의 수입과 자기 급여로 재테크를 하여 땅을 사두었다가 5층 건물을 직접 지었다. 1층은 고객 서비스를 위한 피부관리 숍을 운영하고 2층은 사장실로 VIP 고객 세미나와 신인 리쿠르트 면담을 위한 공간으로 사용하고 있었는데 화장실까지 특급 호텔 인테리어를 해 놓았다. 3층 4층은 영업조직이 근무하는 사무실과 교육장으로 사용하고, 한 층은 세를 주었다. 대로변에 위치해 지사 간판을 걸어 놓으니 마치 화장품회사의 본사 사옥 정도의 위상은 되어 보였다.

두 자녀는 과학고를 월반할 만큼 영재로 잘 자라고 살고 있는 주택도 1층과 2층은 세를 주고 3층을 주거공간으로 사용하는 상가건물이다. 남편은 오십대를 목전에 두고 은퇴하여 아내의 사업에 본격적으로 합류해 세무 등의 외부적인 업무와 재테크에 집중하고 부인은 영업과 조직관리에 집중하는 파트너십을 잘 발휘하고 있었다.

그 여사장을 보면서 나를 돌아봤다. 치열하게 삼십대를 보냈고 금융업계에서 인재 소리를 들을 만큼 잘 해냈는데, 나도 저런 빌딩 정도는 갖고 있어야 하는 것 아닌가 하는 후회로 심적 몸살을 앓았다. 남편이 부인 하는 일을 우습게 보거나 아르바이트 정도로 치부하지 않고, 관심을 가지고 대화하고 스킨십한 결과이다. 아내 또한 남편의 관심을 귀찮아하거나 무시하지 않고 받아들였으며, 때론 다투기도 하면서 둘이 각자의 직업에 최선을 다했기 때문이다. 가정의 행복 플랜을 위해 무엇이 최선인지 서로 계속 소통했기 때문에 다른 사람들보다 더 성공적으로 행복한 가족의 성을 이룰 수 있었다.

뿐만 아니라 형제들에게 나눔을 실천하며 우애 있게 살았다. 동서에게 금전적으로 베풀고 동서는 형님이 필요로 하는 집안일을 적극 도우며 친자매 이상 가깝게 지내 남자들은 더없는 형제애를 지키며 살고 있었다. 형제 사이도 어느 한 사람이 베풀 수 있어야 우애가 지속된다. 가족 간에 크고 작은 갈등의 원인은 거의 모두 금전적인 문제에서 온다. 어느 한 사람이 일 년에 한두 번 비용을 모두 부담하고 함께 휴가를 다녀올 수 있을 만큼 통 크게 쏘면 갈등은 사라진다.

우리 부부는 서로 각자 열심히 살았지만 그들 부부는 함께 열심히 살았고, 그 결과는 가족의 삶 모든 부분에서 큰 차이를 만들었다. 각자의 일에만 최선을 다하는 것보다, 함께 팀이 되어 대화하고 존중하고 배려할 때 가족 모두가 성공적인 성을 만들 수 있다는 걸 깨닫곤 정말 큰 후회를 했다.

사소한 일로 기싸움을 하고 상대의 부족함을 지적하기보다 서로 지지를 보내고 관심을 가졌다면 얼마나 좋았을까. 남편이 하는 일에 관심을 보이고 잘 안 돼도 격려를 했다면 실패를 조금은 줄일 수 있지 않았을까. 쓸모없는 의견을 내도 이 세상에서 유일한 내 편의 말이니 귀담아 듣고, 잡답이라도 꾸준히 하면서 살았다면 서로의 일에서 보다 더 성공하지 않았을까. 계속 소통하며 지내왔다면 함께 새로운 일에 도전할 수 있고 더 성공적으로 잘 해낼 수 있지 않았을까. 아들은 사랑과 책임을 다하며 진정한 파트너로 살아가는 엄마 아빠를 보며 훌륭히 자라고, 결혼해서도 엄마 아빠처럼 살아가지 않을까. 부부 중심의 행복한 가족문화를 아이에게 물려주어야 했는데 오직 가난만 대물림하지 않겠다며 '각자' 기를 쓰며 살았다는 절절한 후회를 해본다.

그러나 지나온 시간을 되돌릴 수는 없기 때문에, 이런 후회는 어찌해볼 수 없는 생산성 없는 후회이다. 그러니 이제부터 잘하면 된다. 이 세상에 내 맘을 알아주고 내 바람대로 움직여주는 사람은 아무도 없다. 배우자도 자녀도 아니 자기 자신도 마음먹은 대로 실천하지 않는다. 그런데 너무 쉽게 내 마음이 네 마음이려니 하고 목표를 향해 함께 달려줄 것이라는 큰 착각을 한다.

김수환 추기경은 인생에서 가장 긴 여행은 머리에서 마음에 이르는 길이라고 하셨다. 머리로 생각한 사랑이 가슴에 이르는 데 칠십 년의 세월이 걸렸다고 한 추기경님의 진솔한 고백이다. 마음이 몸으로 실천되고 원하는 결과를 보자면 평생의 여정에서도 쉽지 않을 것이다. 나의 사업 파트너인 직원이든, 평생의 파트너인 배우자든, 함께 이루고자 하는 성공을 달성하자면 눈으로 스킨십하고 마음으로 스킨십하고 대화로 스킨십하고 함께 액션을 취해도 달성할까 말까하다.

"우리 부부는 서로 각자 열심히 살았고,
그들 부부는 함께 열심히 살았고
그 결과는 가족의 삶 모든 부분에서 큰 차이를 만들었다.
각자 서로의 일에만 최선을 다하는 것보다,
함께 팀이 되어 대화하고 존중하고 배려할 때
가족 모두가 성공적인 성을 만들 수 있다는 걸
깨닫곤 정말 큰 후회를 했다."

노하우라는 옷을 입은
게으름에 대하여

창업 이후 세 번째 노트북을 구입했다. 진화한 제품이 반드시 좋은 것만은 아닌 듯하다. 이전 노트북은 5년을 사용하면서 단 한 번도 고장이 없었다. 홍삼 달인 물을 물병에 담아 가지고 다니는데, 그걸 노트북 가방에 넣어 쏟는 바람에 수리한 것을 제외하면 자체 고장으로 AS센터에 간 일이 없다.

새 노트북은 가볍고 작은 사이즈에 윈도우 7이 설치되어 있다. 강의 중에 동영상을 보는데 갑자기 멈추더니 프로그램이 열리지도 닫히지도 않아 다급해서 강제 종료를 시키고 다시 켜니 프로그램 자체가 열리지 않았다. 10년 동안의 프레젠테이션 자료가 모두 날아가 서비스 센터의 팀장 면담까지 요청하여 필사적으로 복구에 매달렸다. 협박도 하고 읍소도 해서 최선을 다하겠다는 답을 받아냈고 전문 복구업체에 맡기게 되었다. 복구업체나 AS센터 직원 모두 그렇게 중요한 자료면 외장하드에 저장해두었어야지 뭐 이렇게 무지한 아줌마가 있어 하는 식이다.

"컴퓨터를 세 번째 교체할 동안 이런 일이 없어 저장해둔다는 생각을 미처 못 했어요."
"그래도 저장해두는 것이 상식인데……."

'그래 알았다고, 나도 이젠 꼭 저장해둘 거야, 그러니 그런 잘난 전문가의 상식을 가지고 꼭 복구나 해달라고.' 일주일을 일 년처럼 기다렸지만 결국 복구에 실패했다. 노트북을 강제 종료시키는 과정에서 팬이 돌면서 하드를 망가뜨렸다는 것이다. 앞이 깜깜했다. 10년 동안의 강의 PT, 강의교안, 강의제안서가 모두 날아가버렸다. 강의 관련해서는 직접 작업했기 때문에 직원에게 양식 수정을 요청했던 일부 강의제안서 몇 개만 남아 있을 뿐 사무실 컴퓨터에 남은 자료는 거의 없었다.

컴맹을 탈출할 때 내게 가장 필요한 파워포인트는 세 번이나 반복 수강했고, 그래서 강의 준비는 계속 직접 해왔다. 이렇게 하는 것이 익숙해서 직원을 뽑고도 이 업무는 도움을 받지 않아왔는데, 후회막심이었다. 강의 중에 컴퓨터가 망가진 회사의 2회차 강의가 있어 전화를 했다. 자료 복구 여부를 물어 하늘이라도 꺼진 듯 큰 걱정을 했다.

"어떡하죠. 10년의 시간을 날려버린 것 같아요."

그러자 교육팀장이 차분한 목소리로 말했다.

"원장님, 버리고 새로 시작하라는 계시라고 생각하세요. 자료가 남아 있으면 버리는 것이 어렵잖아요."

'남의 이야기라고 참 쉽게 말하네. 자기네 회사에서 강의하다 다 날렸는데 미안한 기색도 없이 새로 시작하라고?' 전화를 끊고 이동하면서, 또 집에 도착해 밥을 먹는 중에도 '버리고 새로 시작한다', '버리고 새로 시작한다'는 말이 계속 맴돌았다. 초심으로 돌아간다……. 초심의 열정과 기본으로 다시 시작한다는 말이잖아. 그래. 솔직한 표현을 감추고 말했지만, 내 강의를 10년 가까이 접한 기업의 팀장이니 "너 했던 말 계속하고 있어. 새로움이 필요해."라는 표현이구나 하는 생각이 머리를 꽝 쳤다.

나는 스케줄에 따라 다시 강의 자료를 모으고, 교안과 PPT를 만들었다. 강의 준비하는 시간이 처음 창업했을 때만큼 걸렸다. 힘들었지만 내용은 새로워졌다. 그렇게 완전히 새롭게 준비한 강의를 마친 첫날, 교육생 한 명이 뒤따라 나왔다.

"원장님, 저 1년 전에 강의 들었는데 강의 스타일과 내용이 완전히 새로워졌어요. 변화하기 위해 노력하는 게 어려운데 대단하세요. 1년 전에 들은 내용에서 토씨 하나 틀리지 않고 똑같은 경우도 많은데. 강의 너무 잘 들었어요, 원장님!"

교육생의 친절한 피드백이 고맙기보다 얼굴이 화끈 달아올랐다. 프로의 연륜보다 초심의 열정과 기본이 중요하다고 동기부여하면서, 정작 나는 연륜으로 버티어 나가고 있었다. 연륜이 쌓이면 초심의 열정을 잃게 된다. 그러나 그 열정이 초보도 프로에 못지않은 경쟁력을 갖게 하고, 연륜 있는 사람이 하루아침에 경쟁력을 잃게 만들기도 한다. 프로의 연륜에 초심의 열정과 기본기를 갖고 있으면 항상 최상의 경쟁력을 유지할 수 있다는 걸 알고 있으면서도 그러지 못했다.

어렸을 때, 학기 초마다 새 교과서와 새 노트를 받으면 글씨를 정성들여 예쁘게 쓰고 필기도 자로 선을 그어 가지런히 정리하곤 했다. 그러나 몇 장이 넘어가면 글씨는 비뚤어지고 낙서 자국도 남아 지저분해지면서 잘 정리하겠다는 처음의 마음이 사라졌던 기억이 있다. 무슨 일에나 큰 열정을 갖고 시작하지만 노하우가 생기면 이상하게도 열정은 조금씩 사라져 제자리를 맴돌게 된다. 게으름 때문이다. 그러나 정작 자신은 그걸 알아차리지 못한다. 그런 내게 컴퓨터가 경고음을 울려주었으니, 프리랜서의 세계에서 이번은 정말 운이 좋았다.

그러나 경고등이 켜지기 전에 스스로 점검하는 습관을 가져야 한다. 기업에서의 평가처럼 월말과 분기별 피드백은 아니어도, 6개월에 한 번씩 반기 피드백은 해보는 것이다. 사업이든 직장생활이든 목표대로 잘 가고 있는지, 6개월 동안의 성과는 어떤지, 문제가 있다면 열정의 문제인지 노하우의 문제인지, 직원이나 타인의 문제가 아닌 스스로의 성과와 문제를 피드백하고 다시 실천하면 된다. 이렇게 스스로 점검하는 습관을 가지면, 타인의 평가를 받기 전에 스스로 평가하고 관리할 수 있어 경쟁력을 잃지 않는다. 오늘 이 시간이 프리랜서로 독립한 첫 날이다. 내일 오전 2시간 강의 자료를 다시 모으고 해당 기업의 홈페이지도 방문하고 교육생의 니즈를 예상하고 첫 멘트부터 마무리 멘트까지 시나리오를 그려보자.

오늘부터 다시 시작하면 기회는 늘 주어지니 성공은 멀리 있지 않다. 죽지 않고 살아있으면 반드시 희망은 있고 포기하기 않으면 어떤 순간에도 새로운 기회가 주어진다. 이 순간부터, 한 가지 실천부터 시작하면 된다. 전반전 30년의 노하우를 가지고 새로 시작하기 때문에 누구보다 앞설 수 있다.

"무슨 일에나 큰 열정을 갖고 시작하지만
노하우가 생기면 이상하게도 열정은 조금씩 사라져
제자리를 맴돌게 된다. 게으름 때문이다.
그러나 정작 자신은 그걸 알아차리지 못한다.
그런 내게 컴퓨터가 경고음을 울려주었으니,
프리랜서의 세계에서 이번은 정말 운이 좋았다."

나의 가치를 오롯이 인정받기 위한
가장 효과적인 수단

창업을 하고 3년째가 되자 스케줄이 줄기 시작했다.

'프로만이 살아남는다.'

2000년 초 IMF 경제 위기에서 벗어나기 시작할 무렵, 경제 위기에서 얻은 교훈으로 모든 분야에서 전문성을 절감하게 되었다. 전문가 육성과 혁신이 화두였다. 보험업계에서는 외국 보험사의 효율경영이 벤치마킹 대상이 되면서, 남성 보험 영업인이 전문가로 주목받았다. '보험아줌마의 구시대 영업'에서 벗어나고자 했고, 보험아줌마 경력을 가진 강사를 초청하는 데 부정적이었다. 또 세일즈 장인의 노하우보다 2~3

년 정도의 짧은 경력자인 외국 보험사 SM(세일즈 매니저) 출신을 더 선호했다. 타 세일즈업계에서는 보험영업은 자기 분야의 전문 세일즈와는 좀 다르다고 인식했다. 가족, 친척, 친구 등 인맥에 기대는 비전문적 세일즈라고 보는 편견이 있었다. 기업들은 강의를 의뢰하면서 '보험 쪽 이야기는 절대 하지 말아 달라'는 요청을 별도로 할 정도였다.

"이전의 영업이나 현재의 영업 모두 기본은 다 같아요. 그리고 이전의 내 영업 경험만 이야기하는 것이 아니라, 실전 경험을 새 트렌드와 연관 지어 전달하고 있어요. 혁신은 새로운 사고로의 전환이지, 보험아줌마가 젊은 세대나 젊은 남성으로 바뀐다고 저절로 혁신이 되는 것은 아니라고요. 이전 경험을 가진 교수들은 모두 집으로 가고 삼십대 강사만 대학 강단에 선다면 상아탑은 어떻게 되겠어요."

이렇게 말하고 싶었지만, 일일이 찾아다니며 붙잡고 이야기할 수는 없었다. 어쨌든 나는 강의를 계속해야 했고, 나의 고객들이 원하는 방식으로 나의 전문성을 지속적으로 업데이트하고 상기시켜 주어야 했다.

그러기에 가장 효과적인 방법은 책을 내는 것이다. 연예인들이 새로운 드라마에 출연하면서 이미지 변신을 꾀하고, 가

수가 신곡으로 변신을 꾀하듯 신간을 출간하며 나를 알리는 것이다. '나 이렇게 계속 노력하고 새로운 지식에 경험을 녹여내고 있어요. 이것 보세요.' 하는 방법이 최고였다.

그러나 책을 출간하는 작업은 정말 피를 말린다. 출간하려는 책의 콘셉트와 목차를 정하고, 현재 트렌드의 지식을 섭렵하여 자기 경험을 녹여낸 다음 읽기 쉽게 풀어서 250페이지 정도를 채우는 작업은 정말 어렵다. 책 한 권 작업하는 데 꼬박 1년 이상은 죽었다 깨어나는 기분이다. 정말로 책을 새로 출간할 때마다 몸이 많이 상하고 팍 늙는다.

"첫 책은 멋모르고 열정으로 하지만, 두 번째 출간은 더 많이 힘들어. 다들 너무 힘들어서 포기하고, 내용도 첫 작품보다 좋지 않은 경우가 많아."

두 번째 책을 쓰겠다고 하자 처음 책의 편집을 담당했던 한경BP 대표가 내게 해준 조언이다. 당시에는 그 말의 의미를 몰랐는데, 두 번째 출간 작업을 하면서 비로소 실감하게 되었다. 한 번의 경험이 있지만 이미 이름이 알려졌기 때문에 부담이 크고, 먼저 낸 책보다 내용이 더 나아야 한다는 압박감도 매우 컸다.

일단 원고 작업을 시작하고 나선 일요일도 없고, 명절도 없었다. 하루 일과를 마치고 돌아와 야밤에 원고를 붙들고 씨름하다 밤을 새우기도 했다. 어느 날은 아무리 붙들고 씨름해도 한 페이지도 쓰지 못했고, 새벽 3시에 갑자기 글이 풀릴 땐 아침 7시까지 작업하다 정신없이 샤워하고 강의 스케줄을 소화하기도 했다.

두 번째 출간을 앞두고 원고가 마무리될 때쯤 배가 너무 아파왔다. 남편과 새벽에 병원 응급실로 가서 이것저것 검사를 해도 의사는 원인을 찾아내지 못했다. 맹장도 아니고 산부인과 진료에도 이상이 없었다. 그런데 배는 너무 아파 죽을 것만 같았다. 3일 만에 발견한 병명은 배 근육통이었다. 한 달 가까이 밤 11시경부터 아침 6시까지 꼬박 앉아서 원고 작업을 해서 배 근육에 담이 걸린 것이다. 근육이완제를 먹고 간단히 해결이 되었다. 의사선생님이 배 근육통환자는 처음이란다.

이런 노력에도 두 번째 책은 첫 번째 책에 비해 선전하지 못했다. 하지만 이런 과정을 거치고 실패를 겪으면서 조금이나마 글솜씨도 늘었고, 원고 작업도 죽자고 하는 미련한 방법에서 체계가 잡히는 방향으로 배우게 됐다. 그래서 경험지식은 매우 훌륭하고, 숭고하다.

이렇게 어려운 과정을 거치며 1~2년에 한 권씩 책을 낸 이유는, 살아남고자 하는 근성과 자존감 때문이었다. 한마디로 당당하게 턱을 곧추세우기 위해서다. 여자이고, 석박사도 아니고, 영업 출신이이라는 이유 때문에 정말 독하게 버텨냈다. 그런데도 어떤 이들은 내가 정상에서 빛났던 삼십 대의 직장 이력은 아예 보지 않기도 한다. 기업의 영업담당 임원 또는 교육담당이 내 책을 읽은 경우에 한해서 신윤순의 가치를 오롯이 인정받는다. 논문을 작성하듯, 교육 컨설턴트의 의무감에 스스로 채찍질한다고 말하지만, 속내는 '나 아직 살아 있어!' 하며 안간힘을 쓰는 것이었다. 그렇게 일곱 권의 책을 낸 덕에 창업하여 20년 동안 세일즈업계의 정상에서 강의를 계속할 수 있었다.

간혹 독립하지 않고 회사에서 매년 이런 노력을 계속했다면 어땠을까, 생각해본다. 영업관리자 길을 걷지도 않고 세일즈우먼으로 계속 뛰었다면 지금처럼 피 말리는 노력을 하지 않고도 더 큰 수입을 올리고 있지 않을까 하는 생각도 해본다. 그러나 후회하지는 않는다. 매일 타인의 삶에 영향을 미치는 숭고한 직업을 단지 돈의 많고 적음만으로는 비교할 순 없기 때문이다.

종종 '원장님처럼 강사가 되려면 어떤 길을 걸어야 하는지'

묻는 이들이 있다. 나는 매우 뻔하고 정직한 대답을 한다.

"간절한 꿈을 품고 지금의 자리에서 최선을 다하고 있으면 길이 열려요."

묻는 사람의 의도는 어려운 과정 피하고 빠르게 유명 강사가 될 수 있는 방법을 알려달라는 것일 텐데, 그런 쉬운 방법은 정말 없다. 눈에 보이는 화려함이나 한 시간의 강사료만 보고 이 길을 선택하는 우를 범하지 않기를 정말 바라기도 한다.

정상에 있는 프로들은 모두 행복하고 화사한 미소를 짓고 서 있기 때문에 뒷면의 그림자는 보이지 않는다. 정말 자기가 꿈꾸는 직업이 맞는지, 그 직업의 뒷면도 이겨낼 각오와 가치가 있는지, 스스로에게 되묻고 확인해야 한다. 단지 큰 수입이 목적이라면 산업강사의 길이 아닌 다른 길을 선택하는 것이 더 현명하다.

"이런 노력에도 두 번째 책은 첫 번째 책에 비해
선전하지 못했다. 하지만 이런 과정을 거치고
실패를 겪으면서 조금이나마 글솜씨도 늘었고,
원고 작업도 죽자고 하는 미련한 방법에서
체계가 잡히는 방향으로 배우게 됐다.
그래서 경험지식은 매우 훌륭하고, 숭고하다."

3막

다시 출발선에 선
오십에게

절반의 삶은 자리를 바꿔 아내가 리드하는 것은
어떨까. 은퇴한 남편은 아내가 감싸주고 이끌어주
지 않으면 초라하고 짠한 세월을 보내게 된다. 부
부가 살아온 경험을 합치고 여성이 앞에 서면 청
춘보다 자유스럽고 멋진 삶을 살 수 있다.

은퇴한 남편에게 주는
안식년 휴가

"서른에 결혼해서 25년 동안 성실히 가족을 위해서 일해준 남편과 바통 터치해서 쉬게 해주고 싶어요. 우선 1년 정도는 아무것도 신경 쓰지 말고 안식년 휴가 다녀오라고 했어요. 아이들이 공부하는 미국에 가서 그동안 학비만 열심히 대준 자식들 얼굴도 실컷 보고, 대화도 나누고, 뉴욕 거리도 구경 하고, 하버드 교정도 걸어보라고 했어요. 평생의 소원이었던 세계일주 배낭여행도 하고요. 1년은 무조건 쉬라고 했어요."

"왜요."

"우리나라에 있으면 아직까지 현직에 있는 친구들이나 더 성공한 후배들 보며 위축되고 조급해할 수 있잖아요. 자신을 실컷 써먹고 내몬 사회에 박탈감을 가질 수도 있을 것 같아요. 그러다 조급해져서 아무거나 시작했다가 평생 일해 모은 퇴직금 날리면 어떡해요. 그러면 여행비의 몇 십 배를 손해 볼 수도 있고요. 그럴 바에야 쉬는 게 버는 것일 수 있겠다 싶었어요. 다시 시작하더라도 여유를 갖고 두루두루 돌아보면서 정말 하고 싶은 일을 시작해보면 어떻겠느냐고 했어요."

"함께 배낭여행 떠나지 그래요."

"그 정도의 여유는 없어요. 같이 갔다간 여행이 아니라 불안을 넘어 궁상을 떨다 도중에 포기하게 될 것 같아서요. 한 사람은 몇 푼이라도 벌고 있어야 둘 다 조금은 여유를 가질 수 있을 것 같고, 이 나이엔 1년쯤 서로 떨어져 혼자만의 시간을 가져보는 것도 유익할 것 같다고 생각했어요. 또 제가 사회생활에 미련과 환상이 있어서, 늦었지만 그 세계로 가보고 싶기도 해요."

"이제 와 직장생활 하는 거, 힘들지 않겠어요?"

"그럴 수도 있죠. 그래도 제가 일을 하면 남편이 벌던 수입의

3분의 1, 아니 5분의 1은 벌 수 있지 않겠어요? 아이들에게도 나머지 학비는 스스로 해결하라고 했어요. 남편이 여행마치고 돌아오면 저 대신 살림하면서 도와주고, 그러면 서로를 더 이해할 수 있을 것 같아요. 돈 버는 일이 얼마나 힘든일인지, 집에서 살림하는 것이 놀고먹는 것만은 아니라는 것도 서로 해봐야 이해하지 않을까요? 물론 남편 안식년 휴가보내놓고 제가 일하는 것이 환상일 수도 있어요. 그래서 꿈이 아닌 현실적인 일자리를 찾으려고 해요."

"어떤 일을 하려고요?"

"몸 사리지 않고 제가 할 수 있는 일을 찾아야죠. 욕심 안 내고 하루 일당 벌이라도 된다면 그걸로 괜찮아요. 한 달 수입이 얼마 되지 않아도 놀면서 쓰던 용돈까지 계산에 넣는다면, 생활비 정도는 버는 셈이잖아요. 남편이 안식년 휴가를 마치고 돌아오면 함께 할 수 있는 일을 지금 준비 삼아 해보면 가장 좋을 것 같아서 여러 생각을 하고 있어요. 분식집에서 일당을 받고 서빙을 해볼까 싶기도 해요. 커피전문점에서 서빙을 하면 좋은데 나이 때문에 받아주지 않을 것 같고, 또 남편하고 창업하기에 카페는 투자비용이 너무 많이 들것같기도 해요. 북카페는 하고 싶지만 왠지 환상을 쫓는 것 같고, 실제로 제가 일자리를 구해보기도 어려울 것 같아요. 편의점 아르바이트는 쉽게 구할 수 있을 것 같은데…… 남편과 창업하기에는 육체적으로 많이 고되고 목 좋은 곳은 창업비용도 많이 들 것 같아요."

"어휴, 정말 많이 고민하셨네요!"

"나머지 절반의 삶을 준비하는 일인데, 고민을 안 할 수가 없지요."

"가장 잘할 수 있는, 자신 있는 일은 뭐예요?"

"전업주부로만 살아서……."

"전업주부로 살아온 20년의 시간도 충분한 경쟁력이 있어요. 아이들 키우고 집안일 하고 남편 뒷바라지 하면서 여느 주부나 커리어 우먼인 친구들에 비해 이 일만은 내가 자신 있다, 그런 것이 있을까요?"

"글쎄…… 일요일에도 아침에 일찍 일어나서 부지런한 편이긴 한데……."

"창업하면 성실성은 기본 장착해야 돼요. 그것 말고 남과 다른 나만의 것은 없을까요?"

"음식 중에서 만두를 맛있게 만들어요. 제가 만든 만두를 먹기 위해 엄마들 모임을 우리 집에서 하자고 다들 성화고, 얼린 만두를 한 봉지씩 싸서 주면 너무들 좋아해요."

"그럼 남편 안식년 휴가기간 1년 동안 천천히 준비해서 남편과 웰빙 만두가게 창업해보면 어떨까요? 손님 많기로 유명한 작은 규모의 만두가게를 시장조사해서 주방이나 홀 서빙 아르바이트부터 시작해보는 거예요. 주말에는 집에서 만두를 빚어 아파트 이웃들에게 맛보라고 나누어 주세요. 만두 재료를 계속 연구해가며 엄마들, 아이들의 입맛도 파악해서 웰빙 만두 레시피를 개발하고요. 맛있게 먹었다고 고맙게 인사하며 돈을 주고 사 먹을 수 없느냐는 말이 나오기 시작하면, 냉동고 하나 구입해서 이웃들에게 판매하기 시작하세요. 이웃 아파트에까지 입소문이 나서 주문이 이어지면 남편과 둘이서 운영할 수 있는 테크아웃형 작은 웰빙 만두가게부터 시작하면 어떨까요?"

"집에서 맛을 내는 것과 식당을 운영하는 것은 다를 텐데 가능할까요?"

"장사가 잘되는 소규모 만두집에서 1년 동안 일하면서 식당 운영체계를 익힐 수 있잖아요. 집에서는 만두 맛을 더 개발 하고요. 남편도 안식년 휴가 동안 미국에 머무르고 배낭여 행하다 보면 한국 남편의 고정관념은 좀 벗고 오지 않을까 요? 남편과 둘이서 할 수 있는 소규모로 시작하고, 아파트 주변에 입소문 손님도 확보해놓으면, 최소한 적자운영 없이 시작할 수 있을 것 같아요. 3년 정도 운영해보면, 규모를 늘 려서 사업으로 확장해볼 것인지, 분점을 하나 더 내서 남편 과 각각 하나씩 맡아서 운영하는 것이 좋을지 판단이 설 거 예요. 경영에 대한 건 남편께서 그림을 그려 나가시지 않을 까요."

"어떡해요, 가슴이 막 뛰어요! 잘될 것 같아요."

"그래도 절대 성급하면 안 돼요."

"남편과도 이야기해야 하겠죠."

"글쎄요. 장단점이 있는데, 안식년 휴가 이상은 아직 언급하 지 않는 게 좋을 수도 있어요. 결론을 갖고 떠나는 여행과 자유롭게 떠나는 것은 다르지 않을까요. 부인께서는 사회생 활을 새로 시작해야 하니 미리 방향을 갖고 준비하는 것이 바람직하지만, 남편은 그동안의 사회생활을 버려야 하는데 미리 정하고 떠나는 것보다는 그냥 떠나는 것이 좋을 수도 있어요. 여행을 하면서 더 좋은 아이디어를 갖고 돌아올 수도 있지 않을까요. 이 1년 동안, 남편은 무조건 쉬면서 지난 사회와 결별하는 시간을 갖게 도와주고, 부인께서는 사회에 나오는 준비기간으로 보내는 것이 좋을 것 같아요."

"그렇게 하는 게 좋을 것 같아요. 아니 꼭 그렇게 할래요."

"하나 더요. 시작하는 첫날부터 블로그에 기록해 나가면 좋을 것 같아요. 기록하면 실행력도 높이게 되고, 쓰는 동안 계획을 구체화하거나 발전시킬 수도 있거든요. 또 레시피를 보기 위해 방문하는 이웃들과 소통할 수도 있고, 만두를 선물 받아 먹어본 지인들이 응원의 글을 남길 수도 있으니 그 덕분에 지치지 않는 즐거운 여정이 될 거예요. 방문하는 이웃들이 늘어날수록 만두가게 오픈이 빨라질 수도 있고요."

"일기를 써 나가듯 제 도전기를 블로그에 담아보라는 말씀이시죠? 글은 정말 자신이 없는데, 그래도 해볼게요. 혹 제가 성급해지거나 나태해지지 않게 점검받는 전화 종종 드릴게요!"

이분은 전업주부인데, 은퇴를 앞둔 남편 대신 노후를 준비하기 위해 직접 세미나를 신청하고 혼자 참석하였다. 그동안 고생한 남편에겐 안식년 휴가를 주고 인생 2막은 자신이 주도적으로 준비해야겠다는 생각으로 정말 많은 고민을 하고 왔고, 질문도 많이 하셔서 오래 기억에 남는다.

은퇴 후에는 부부가 함께 사업을 하는 사례를 많이 접한다. 건강식품이나 화장품 등의 판매대리점, 도시락 전문점, 식음료 프렌차이즈 사업을 하기도 한다. 이들이 고객 서비스와 고객관리 마케팅 등 세일즈 노하우를 배우기 위해 직접 세미나를 신청해 만나기도 하고, 기업의 자체 교육에서 만나기도 한다. 환상의 파트너십으로 잘 운영하는 분들을 보기도 하지만, 이혼의 위기를 겪는 경우도 본다.

성공적인 사례의 공통점은, 부부가 서로의 장점을 최대한 잘 활용하고 출근과 동시에 완전한 비즈니스 파트너로 체인지한다는 점이다. 호칭부터 사장님, 실장님 등의 직함과 그에 맞는 예의를 지키고 업무 미팅도 철저히 지킨다. 처음 대하는 외부인은 부부라는 사실을 모를 정도로 철저한 분들이 많다.

남편은 논리적이고 합리적이며 멀리 보는 시야의 장점을 살려 자금관리, 세무관리, 수요의 예측 등을 전담하고, 아내는 감성과 대인관계에 능한 장점을 살려 고객을 대한다. 직원이 한 명이든 열 명이든 밀착관리를 전담한다. 고객관리나 조직관리에 감정 트러블이 생기면 남편이 바로 나서서 수습을 하고, 반대로 남편이 담당하는 외부 업무에 문제가 발생하면 여성의 순발력과 감성으로 아내가 처리하며 정말 환상의 파트너십을 발휘한다. 이런 경우 경제적으로도 비교적 빨리 안정을 찾아 주말이면 함께 골프를 즐기거나 등산을 다니며 부러울 만큼 가정과 사업에서 성공적인 절반의 삶을 살아가는 은퇴 후의 부부 사업가를 보게 된다.

그러나 잘 안되는 부부는 안될 수밖에 없는 모든 단점을 다 실천하고 있다. 출근해서도 부부의 감정으로 회사를 운영하고 서로 무시하며, 작은 일만 터져도 못마땅해 서로 네 탓을 한다. 회사 분위기가 이런데 똑똑한 직원이 남아 있을 리 없다. 또한 고객들의 눈에는 아마추어로 보이고, 신뢰도도 하락해 결국 문을 닫게 되지만 끝까지 서로를 탓하다 이혼의 위기까지 맞는다.

작은 구멍가게라도
가족과 비전을 공유해야 성공한다

동네 개인약국에서 주 1회씩, 총 4회에 걸쳐 한 달 과정의 교육컨설팅을 의뢰해왔다. 이런 요청은 처음이고 드문 경우라 직원이 여러 번 '4회 교육 프로그램을 의뢰한 것이 맞는지, 비용부담은 가능한지' 사실 확인을 했다. 그렇다는 대답이 돌아왔는데도 결정이 망설여져 내가 직접 전화통화를 했다. 교육을 의뢰한 분은 가족이 운영하는 약국의 대표 약사이면서 사장이었다. 한약제사 여동생 두 명에 남편과 아들, 식사를 담당하는 직원 한 명까지 총 여섯 명의 직원이 함께 일하고 있었다.

그분의 고민은, 가족이 함께 일하다 보니 자기 역할에 충실하기 어렵고, 사장이 계속 동기부여를 하면 잔소리로 듣고 역효과가 난다는 것이었다. 아들은 자꾸 비뚤어졌고, 은퇴 후 한약을 배달하며 약국 일을 돕는 남편도 불만이 쌓였다. 여동생들 역시 불만이 쌓여 붕괴 직전이라며 도움을 청했다. 전문가를 통해 프로의식, 고객예절, 고객의 가치, 자기역할과 책임 등에 대해 명확히 인지하도록 해줬으면 좋겠다고 했다.

교육 대상은 여섯 명이었지만 실은 타인의 힘을 빌려 아들의 마인드와 태도를 변화시키기 위한 어머니의 고육지책이었다. 아들은 외국에서 경영학을 공부하고 왔지만 눈높이만큼 취업이 잘 되지 않아 약국 경영을 맡겼다고 했다. 하지만 아직 서른이 채 안 된 젊은 나이라, 어머니 마음은 허드렛일부터 하며 약국 경영의 기본을 익히길 바랐다.

그러나 아들은 그런 어머니 마음은 전혀 모르고, 청바지에 모자를 쓰고 약국에 나와 앉아 있었다. 손님들에게 돈 받는 일 외에 하는 일도 없으면서 사장 아들로 미래의 주인 행세는 하고 있었다. 약사인 이모들에게도 가르치려 들었다. 이모들은 치사하고 더러워서 그만두려는 상황이었다.

은퇴한 남편은 한약재를 구입해오고 한약을 배달하는 역할을 맡고 있었는데, 역시 사장의 남편이라는 태도만 보이고 있었다. 손님이 들어와도 사장(엄마)과 약사(이모)만이 친절하게 인사하며 맞이할 뿐, 배달 전담 아버지는 신문을 보고 앉아 있고, 아들은 핸드폰과 대화하며 앉아 있다가 표정 없이 돈만 받았다. 그동안 엄마와 이모들이 약국 경영을 헌신적으로 해온 덕분인지, 약국 위치가 덕을 보는지 시장 입구 사거리 코너에 위치한 약국은 세 명의 약사로도 매우 바쁠 만큼 고객들의 발걸음이 계속 이어졌다.

1회차 교육에선 약국에서의 손님의 가치, 각자의 포지션에 대해 소통했다. 외국에서 공부하고 온 아들은 이론적 능력은 갖추고 있었다. 약국에서 가장 중요한 가치는 고객이고 다음은 약사라는 것도, 나머지 직원의 역할과 본인의 포지션에 대해서도 정확히 이해는 하고 있었다. 각자의 신분과 역할을 고객들에게 인식시키려면 어떻게 해야 하는지 다시 질문을 던지자 역시 정확히 이해는 하고 있었다.

2회차 교육부터 아들은 모자를 벗고 머리를 단정히 하고 세미정장 스타일로 의상이 바뀌어 있었다. 손님이 들어오면 깍듯하게 인사를 하고 약사인 이모들에게도 무엇을 시키는 게 아니라 무엇을 도와주어야 하는지 고민하고 애쓰고 있었다. 남편 역시 아내의 말은 잔소리로 들었으나 미래의 사장인

아들의 말에는 대견한 듯 따랐다.

아들은 고등학교, 대학교를 모두 해외에서 다닌 유학파로, 약국을 청소하고 손님에게 인사하고 있는 자신의 포지션을 생각하지 못했고, 약국 문을 닫게 되면 실업자일 뿐이라는 생각 역시 못했을 뿐이다. 약국을 더 키우면 10년쯤 뒤에는 자기 브랜드로 여러 약국을 운영할 수 있고, 약국 경영 컨설팅을 할 수도 있다는 자기 비전을 정확히 갖자 역할에 충실할 뿐 아니라 고객 데이터를 구축하고 SNS를 활용한 고객관리 아이디어도 적극 찾아냈다. 아버지도 손님이 오면 비타민 음료를 건네며 인사하고 할 일이 없으면 약국이 아니라 약국 뒤편 창고에 들어가 신문을 보게 되었다.

아내, 어머니에 머물지 않고 자기 역할과 리더십을 발휘한 사장의 현명함이 사업은 물론 가족의 평화 그리고 자녀의 미래 비전까지 설계하도록 도운 것이다. 교육 이후에도 아들은 여러 번 전화로 조언을 구할 만큼 열정적인 약국 경영자로 변모해 있었다. 마지막 수업에서 아들이 보여준 눈빛과 실행력이 유지되고, 부모님의 격려가 뒷받침되었다면 아마도 지금쯤 브랜드 약국 체인이 되지 않았을까 하는 마음에 브랜드 약국 체인을 보면 유심히 보게 된다.

부부가 함께 창업하고 자녀가 잠깐씩 아르바이트로 참여하더라도, 가족이 함께 미래 비전을 공유하고 각자의 역할에 충실할 수 있는 최소한의 시스템, 기본 체계는 갖고 있어야 작은 구멍가게라도 성공할 수 있다. 이런 점만 서로 잘 소통한다면 부부가 함께 창업하는 것은 남녀의 장점을 잘 살릴 수 있다. 무엇보다 100퍼센트 신뢰할 수 있는 파트너이고 둘의 급여만으로도 사업 초기의 어려움을 극복할 수 있다. 위기의 상황에서도 파트너십이 깨질 위험 요소가 없는 환상적인 파트너인 셈이다.

그러나 비즈니스 파트너로서의 역할과 책임에 대한 개념 없이 단지 남편과 아내로 경영하면 가정까지 깨질 수 있다. 아내는 남편이 여직원에게 친절한 꼴도 못 보고, 남편은 아내가 조금만 마음에 안 들면 핀잔을 준다. 자존심이 상한 아내는 감정적으로 대하고, 성공을 꿈꾸며 출근했던 직원들은 하나둘 떠나게 된다.

그럼에도 은퇴 후 부부가 함께 창업을 했을 때의 장점은 언급했듯이 너무나도 많다. 아내를 앞세워 리드하게 하면 보다 성공적인 결과를 만들 수 있다. 여성의 책임감과 희생정신이 더 강하고, 남성이 오랜 경제활동에 지쳐 있다면 여성은 새로운 경제활동이 에너지가 된다. 절반의 삶은 여성이 리드하는 것이 공평하기도 하다. 또 통계적으로 여성이 더 건강하게 오래 살기 때문에 노후에는 아내가 남편을 보듬어주어야 더 애틋하고 행복한 삶을 살 수 있다.

"부부가 함께 창업하고 자녀가 잠깐씩 아르바이트로
참여하더라도, 가족이 함께 미래 비전을 공유하고
각자의 역할에 충실할 수 있는 최소한의 시스템,
기본 체계는 갖고 있어야 작은 구멍가게라도 성공할 수 있다.
이런 점만 서로 잘 소통한다면 부부가 함께 창업하는 것은
남녀의 장점을 잘 살릴 수 있다."

퇴직이 목전에 닥치면, 미리 은퇴 후 무엇을 할지 준비해두지 않은 경우 마음이 조급해진다. '갑자기 일이 없어지면 뭘해야 하지?' '건강이 나빠지면 어떡하지?' 하는 두려움 때문에 밤을 지새우는 날이 늘어간다. 그런데 우려가 현실이 된다고, 경기가 안 좋고 회사도 어려워져 예상보다 일찍 회사를 그만두어야 하는 상황이 왔다고 해보자. 실제로 요즘 주위에서 흔히 볼 수 있는 사례다.

"아직 셋째 아이는 대학생이고, 둘째는 군에 있고, 첫째 딸은 결혼을 앞두고 있어요. 지금부터 정말 큰돈이 필요한 시기인데 갑자기 회사를 그만둬야 하니까, '앞이 캄캄하다'는 표현으로도 모자라게 더 큰 절망감이 왔어요. 그나마 아내가 생활비는 벌고 있다는 위안이 없었다면, 무조건 아무 일에나 뛰어들었을 것 같아요. 사업에 손댔다 퇴직금에 집까지 날리는 친구들 보면서 왜 준비 없이 무모하게 저랬을까 싶었는데 충분히 이해가 되더라고요."

정년을 채워 일하는 게 쉽지 않은 시대고, 은퇴 시기도 빨라졌다. 하지만 자녀를 키우는 덴 돈이 더 많이 들고, 더 오랫동안 뒷바라지를 해주어야 하는 시대라 지금 사십대, 오십대들은 마음이 조급할 수밖에 없다. 그 마음을 다잡는 데 도움이 될 만한 세 분의 사례를 소개해본다.

: 세무사 시험에 최고령 합격한 L씨

내가 다니던 회사에서 경리과장과 제주지점장을 하셨던 L 씨가 은퇴 후 세무사가 되었다고 세무업무를 맡길 일 있으면 맡겨 달라고 연락해왔다. 어떻게 세무사가 되었는지 묻지 않을 수 없었다.

"아내 덕에 2년 동안 새로운 도전을 준비할 수 있었어요. 우선은 지나온 시간과 나를 돌아보는 시간을 가졌어요. 사업도 새로운 직장도 내가 해내야 하는 것이어서, 나를 분석하는 시간을 갖기 위해 매일 산에 올랐어요. 직장 잃은 남자들이 산에 있다는 기사를 읽을 때면 풍자려니 했는데 막상 제가 당하고 보니 왜 산으로 가는지 충분히 이해가 되더라고요. 첫째로는 산에 가면 돈이 들지 않고, 둘째로 아는 얼굴을 만날 일이 없고, 마지막으로 자신을 돌아보는 시간을 가질 수 있어요. 그리고 더 좋은 건, 정상에 오르면 자신감도 생겼어요. 인생을 통틀어 돌아보니 제가 가장 잘했던 일이 학교 때 공부 잘했던 것밖에 없었어요. 그래서 다시 공부로 도전해보기로 했죠. 산에 오르며 스스로 다짐도 하고 체력 단련도 하면서 세무사 공부를 시작했어요. 친구 놈들 모두 공인중개사 공부하면서 창피하니까 세무사 공부한다고 뻥친다고들 생각했어요. 생애 마지막 도전이고, 다른 방법은 없으니 벼랑 끝에 매달린 기분이었어요. 고시원에 들어가 학원 다니며 독하게 눈에 핏발 세우고 달려드니 되더군요. 2년 만에 최고령, 최우수로 합격했어요."

우수한 성적 덕분에 강남세무서에서 1년 동안 민원상담을 하며 실전 감각을 익혔고, 그 후 여의도 자택에서 가까운 마포에 사무실을 냈다. 그러나 고객 확보가 쉽지 않아 고민 끝에 고향인 제주도로 내려가 사무실을 내게 되었다. 제주도에서는 서울 명문대 출신에 금융권 경리부장을 하다 은퇴하고 세무사로 돌아온 인재이니 친구와 선후배 등의 도움을 많이 받을 수 있었다. 지금은 중소기업 후원 세무사로 활기찬 노후를 보내고 있다. 가장 자기다운 방법으로 성실한 시간을 보낸 2년과 귀향을 선택한 현명함이 은퇴 후의 삶을 여유롭게 해주었다.

: 투자에 실패하고 대출설계사로 다시 시작한 K씨

『두근두근 고객 발굴의 기술』 저자 세미나에서 만난 K씨는 증권회사 지점장을 하다 퇴직했다. 증권회사에 근무할 때부터 부동산에 관심이 많아서 미리 공인중개사 자격증을 따두었고, 퇴직 후 바로 부동산업을 시작했다.

그런데 보통 사람들이 생각하는 주택 매매나 임대차를 주로하는 부동산이 아니었고 큰 규모의 부동산을 주로 취급했다. 증권회사 다닐 때 고객으로 알게 된 이들과 함께 큰 필지의 야산을 사서 용도변경을 하고, 토지 분할을 해서 판매하는 기획부동산 형태의 컨설팅 사무실을 열었고 본인도 투자에 참여했다. 큰돈을 벌 수 있다는 비전을 갖고 시작했지만 3년이 안 돼 투자한 돈과 집, 그리고 함께 투자한 지인들 돈까지 몽땅 날리고 말았다.
하루하루 용돈이 없어 고등학교 후배의 회사에서 생산하는 가전제품을 지인들에게 팔아 버려야 하는 상황까지 내몰렸다. 어떻게든 빨리 돈을 벌어 자식들이 결혼하기 전에 내 집을 다시 마련해야 한다는 절박한 마지막 꿈을 갖고 있었는데, 자식들이 배우자감을 데리고 인사 올 때 너무 초라해 보이지 않을 집 한 채는 있어야 한다고 생각했단다.

그러다 보니 은행 대출설계사(대출을 중개하는 영업사원), 보험대리점 등 3개 업종의 영업을 뛰며 몸을 혹사시키고 있었다. 집안의 가장이자 부모로서의 간절함이 충분히 공감되었다. 그럼에도 건강마저 잃으면 모든 게 끝이고, 여러 업종의 영업을 동시에 하면 신뢰를 얻기 힘드니 가장 잘 맞는 한 업종의 영업을 3배로 뛰어보면 어떨까 조언해드렸다.

: 지점장 시절은 잊고, 바닥부터 다시 시작한 J씨

이분은 유료 세미나에 부부가 함께 참석하여 쉬는 시간마다 개인 상담을 요청해 기억에 오래 남는다. 은행 지점장까지 하고 퇴직한 J씨는 공인중개사 자격증을 땄지만 바로 부동산을 열지는 않았다. 물론 마음만 먹으면 개인 사무실을 낼 정도의 경제적 여유는 있었지만 그렇게 하지 않고, 교육과정 중에 알게 된 지인을 통해 매매와 임대 건수가 꽤 많은 잘나가는 부동산에서 1년 동안 교통비에 점심값 정도만 받고 근무했다.

그런 다음 아내와 함께 목동에서 작은 평수의 부동산을 냈다. 아내는 종교 모임, 아파트 부녀회, 동네 모임 등 활발한 지역 커뮤니티를 갖고 있었다. 어차피 매매 거래는 많이 없으니 전·월세 거래에 집중해 아내에게 맡기고, 본인은 '점포 임대 전문 부동산'이라는 문구가 담긴 명함을 들고 식당가 등 상가에 명함을 돌렸다.

J씨는 지점장 시절을 완전히 잊고 부동산업으로 사회에 첫 출발을 한다는 자세로 밑바닥부터 경험하자고 결심했다. 조기 퇴직과 자영업 창업이 많다는 것에 착안하여 전문성을 갖고 점포 임대를 소개하면서 대출과 세무 등의 자문까지 하여 입소문을 냈다.

3년 정도 지나 부동산 평수를 넓혀 이사를 했는데, 사무실 한쪽을 동네 엄마들의 커뮤니티 공간으로 꾸몄다. 여러 가지 한방차를 구비하고 커피머신도 설치해 누구나 편히 드나들 수 있는 분위기를 만들었다. 그곳에서 세금과 대출 문제 등을 조언하고, 임차인과 임대인의 작은 문제에도 계속 귀기울이며 도왔다. 아내는 한 번의 임대차 고객이라도 다시 찾아오게 고객관리를 하고 남편은 상가 전문 부동산 컨설턴트로 전문성을 쌓아갔다.

부동산은 오전 9시에 문을 열지만 지점장을 할 때처럼 7시면 사무실에 나왔고, 밤 10시까지 남아 정보를 업데이트하고 학습에 전념했다. 퇴직한 지 5년이 지나서도 퇴직금은 그대로 금융권에 투자하고 부동산 운영만으로 현직에 있을 때보다 높은 소득을 올릴 수 있게 되었다.

갑자기 큰돈이 보이면
일단 의심해본다

앞 글에서 언급한 K씨의 사례는, 은퇴 이후의 직업은 처음부터 너무 큰 환상을 갖고 시작하면 큰 위험이 따를 수 있음을 보여준다. 증권회사에서 일했으니 투자 감각도 있고, 관련 분야의 지식도 있어 아마 성공을 자신했을 것이다. 그러나 이십대부터 대형 기획부동산에서 심부름만 해온 사람도 있고, 큰돈을 가지고 평생 좋은 땅에 투자해온 자산가도 많은데, 증권가에서 몸담고 있다 수습 기간도 없이 퇴직금으로 10배가 넘는 큰돈을 벌겠다는 것 자체가 환상일 수 있었다.

큰돈이 너무 가깝게 다가오면 좀 물러서서 바라볼 필요가 있다. 우리 남편도 늘 큰돈을 좇다가 번번이 실패를 거듭했다. 이런 남편을 내게 소개한 둘째 언니는 큰돈만을 좇다가 정말 큰돈을 벌기도 하고 쪽박을 차기도 하여 인생의 파도타기를 크게 하는데, 동병상련인지 언제나 남편을 옹호하며 내게 핀잔을 주곤 했다.

"넌 꽉 막혀서 큰돈은 평생 못 벌어."

노력한 만큼의 대가만 정확히 받는 세일즈를 했고, 직장생활에서도 노력하지 않으면 승진도 없다는 지론을 갖고 있어서 갑자기 큰돈이 보이면 '왜?' 하는 의문을 먼저 던진다.

한번은 강사들의 포럼에서 현직 대학교수이면서 기업 강의도 하는 대 선배와 인사를 나누었다. 한 번 인사를 했을 뿐인데 한 주쯤 지나 전화가 와 강남에서 식사를 하자는 것이다. 너무 감사하지만 그 주에 스케줄이 많아 시간 내기가 어렵다고 말씀드렸더니 우리 집 근처로 올 테니 차라도 한잔하자다. 거절할 수 없어 저녁 9시로 약속을 잡았다. 지방에서 올라오면서 인근에 차를 대고 약속장소로 갔다. 차를 마시면서 말한 그분의 용건은 "신윤순 원장같이 훌륭한 분이 힘들게 지방 출장까지 다니며 강의해도 그리 큰 수입은 안 되지 않느냐, 일주일에 서너 시간만 투자하면 한 달에 2~3천만 원은 쉽게 벌 수 있는 아이템이 있다."는 것이었다. 나는 단 1초의 망설임도 없었다. 그렇게 쉽게 큰돈을 벌수 있는 아이템이 있다면 누가 알까 쉬쉬하며 가족끼리 하지 굳이 한 번 인사한 후배에게 늦은 시간에 집 근처까지 직접 찾아 와 커피 사 주며 권하지 않는다. 절대로!

"교수님 말씀은 너무 감사하지만 저는 쉽게 돈 버는 방법에 는 익숙하지 않아서 적응을 못합니다. 감사한 마음만 받겠 습니다. 커피 값은 제가 내겠습니다."

만면에 감사의 미소를 짓고 일어섰다. 교수님은 그러지 말고 한 시간 정도만 시간을 내서 아이템에 대한 교육이라도 받 아보라며 끝까지 권했다. 그 후 모임에 참석한 다른 분을 통 해 그 교수께서 권한 아이템은 다단계였고 모임에 참석했던 몇 분은 교육을 받고 금전적 손실과 체면을 크게 잃었다는 소식을 듣게 되었다.

이후에도 몇 차례 더 그런 제안을 받았다. 세미나에 참석하 고 여러 권의 책까지 출간한 후배 강사가 사무실로 찾아왔 었다. 첫 대화는 거의 녹음되어 있는 듯했다. 적은 시간을 투 자하고 직접 활동하지 않아도 되며, 한 달에 수천만 원의 큰 돈을 벌 수 있다는 이야기이다. 우리 남편이 새로운 사업을 시작할 때마다 내게 했던 말이기도 하다. 한 번만 더 지원해주면 1년 안에 돈방석에 앉게 해줄 것 같았다. 그러나 단 한 번도 돈방석에 앉아본 적은 없다.

그 분야의 경쟁력이나 경험이 없는데 큰돈을 벌려고 달려드는 것 자체가 맨몸으로 불로 뛰어드는 것과 같다. 한 분야의 경쟁력은 성실성을 가지고 경험을 쌓고 지식을 배우는 시간이 최소한 1년은 지나야 감을 잡고 3년쯤은 지나야 플러스 수입이 발생하는 것이 일반적이다. 3년은 자금 여유를 가지고 버티어 내든 몸으로 부딪히며 버티어 내든 해야 하는데 대개 1년 안에 승부를 보려고 해서 문제가 발생한다.

"한 분야의 경쟁력은 성실성을 가지고 경험을 쌓고
지식을 배우는 시간이 최소한 1년은 지나야 감을 잡고
3년쯤은 지나야 플러스 수입이 발생하는 것이 일반적이다.
3년은 자금 여유를 가지고 버텨내든 몸으로 부딪히며
버텨내든 해야 하는데 대개 1년 안에 승부를 보려고 해서
문제가 발생한다."

"이 좋은 가을에 TV 보고 누워 있으면 벌 받아요. 우리 산책 가요. 아파트 1층으로만 내려가도 바로 개울 낀 산책로가 나오고, 광교산 방향으로 올라가면 등산로고, 원천호수 방향으로 가면 호수 낀 산책로인데 집에서 누워만 있으면 너무 아깝잖아요."

남편은 귀찮아하면서도 일어나 옷을 입는다. 남편과 함께하는 시간이 많아졌다. 직장 동료와 비즈니스 관계 지인들의 결혼식에도 늘 혼자 참석했지만, 이젠 웬만하면 함께 가려고 한다. 주말에 혼자 라면으로 때우고 있을 남편이 걱정되기도 하지만 맛있는 음식에 관심이 많은 남편에게 한 끼라도 새로운 음식을 먹게 하고 싶어서이다. 두 주 정도에 한 번씩 가는 마트에도 함께 간다. 이것저것 물건 고르는 안목도 나보다 낫고, 물건들을 단단히 박스 포장해서 차에 싣는 것도 척척 잘하기 때문이지만, 무엇보다 혼자 집에 있는 모습이 짠하기 때문이다.

삼사십대엔 마트에 가도 빨리빨리 필요한 것 몇 가지만을 사서 서둘러 돌아오느라 주위 사람들을 보지 못했다. 그러나 오십이 넘으니 주위 사람들이 눈에 들어온다. 머리가 희끗희끗한 부부가 마주 보고 의논해가며 하나씩 장을 보고 시식 음식도 건네는 모습이 참 좋아 보인다. 어린아이들만 보면 미소가 저절로 나오듯 정답게 나이 들어가는 노부부를 보면 미소가 머금어진다.

직장생활을 하는 동안 남편을 많이 외롭게 했다. 남편은 정겨운 성품을 지녔다. 사업이 위기에 있어도 좋아하는 음악을 들으며 난을 손질할 정도로 낭만이 있고, 내가 부탁하는 청을 거절하는 일이 별로 없다. 신혼 초에는 머리를 감으면 드라이기로 말려주고, 손톱 발톱도 깎아주곤 했다. 집안 청소도 하고 일요일이면 카레며 후라이드 치킨까지 음식 솜씨를 자랑하던 자상한 사람이다. 회사 그만두고 장사를 시작하여 계속 실패하고, 어린 아내가 직장에 다니며 가정경제를 책임지게 되면서 함께하는 시간들이 점점 줄어들었다.

의도적으로 시간을 내지 않았다는 표현이 맞을 것 같다. 대화를 시작하면 돈 이야기로 싸움이 커지고 며칠을 말없이 지내게 되었다. 나는 먹고살아야 한다는 명분으로 목숨 걸듯이 직장에 매달렸고, 남편은 어떻게든 빨리 사업에 재기해서 아내를 집에 앉혀놓고 나서 모든 이야기를 하겠다는 생각으로 욕심내다 보니 사업은 더욱 잘 안 됐다.

지점장을 하고 있을 때였는데, 남편이 회사 부근으로 와서 점심을 같이 먹자고 전화를 했다. 미리 말도 없이 갑자기 찾아온 것부터 화가 났다. 직원 면담도 해야 하고 오후에 마감 회의가 있어 남편과 밥을 먹을 여유가 없는 날이었다. 회사까지 와서 시간을 내라고 하는 것은 필시 돈 문제일 거라는 짐작에, 말을 꺼내지 못하게 해야겠다는 생각뿐이었다.
"저녁에 집에서 이야기하지 갑자기 오면 어떡해요. 무슨 일이에요?"
"그냥 점심 함께 하려고."
"나 바빠요. 저녁에 집에서 이야기하든지…… 아침에 미리 약속을 하고 오지."
밥을 먹으면서도 온통 머릿속에는 마감 숫자와 면담할 신인에 대한 생각뿐이고, 남편이 혹 또 돈을 해달라고 하면 어떤 핑계를 대서 거절할까 하는 생각뿐이라 빠른 속도로 밥만 먹었다.

"아직 점심시간 남았으니 차 한잔하자."

"차까지요?"

무슨 차씩이나 먹자는 말이냐고 노골적으로 못마땅한 표정을 지으며 직원들과 마주치지 않을 카페로 들어갔다. 남편은 작은 네모 상자를 건넸다.

"뭐예요?"

"열어 봐."

상자 안에는 다이아 반지가 들어 있었다.

"웬 반지예요?"

"내가 결혼반지 팔아먹었잖아. 이번에 사무실 정리하면서, 어차피 말아먹은 거 남은 돈 다 털어보니 딱 반지 값 나오더라."

"미쳤어요! 사업하는 사람이 반지 값 남으면 새로운 일 자금으로 써야지, 이제 취직하게요? 취직을 해도 그렇지, 몇 달 버틸 용돈은 가지고 있어야지. 그렇게 유약하게 사업을 하니 안 되잖아요."

남편은 말없이 듣고만 있더니 일어섰다. 그때 내가 왜 그랬는지 모른다. 남편이 두 번째 사무실을 정리하면서 남은 돈 전부로 팔아먹은 결혼반지를 사 들고 아내 회사로 찾아올 때의 기분은 어땠을까. 아내에게 그런 막말을 듣고 돌아가는 마음은 어땠을까. 마음도 여린 사람이 얼마나 쓸쓸하고 아팠을까. 그러나 나는 남편의 마음을 헤아릴 겨를도 없이 사무실로 돌아가 일정에 정신없이 매달리다 밤늦게 퇴근했다.

결혼하고 30년을 살아온 남편과의 생활이 이처럼 불편할지 몰랐다. 집에서 얼굴 마주하고 밥을 먹은 날은 일주일에 한두 번이 고작이었다. 서로 진지하게 대화를 나눈 것은 정말 오래만이어서 무슨 대화를 어떻게 시작해야 할지 몰라 멍하게 바라보게 되었다. 밖에서는 환한 미소를 짓고 애교 넘치는 목소리로 어떤 사람하고도 대화를 잘 이끌어가면서 남편하고 대화할 때는 불편해서 얼굴 표정이 석고 팩을 붙인 것처럼 굳어진다.

은퇴한 남편이 외출하지 않고 집에만 있고 아내가 외출하거나 마트에 가려고 하면 따라나서려 해서 불편하다는 아내의 갈등을 100퍼센트 이해할 것 같다. 여자든 남자든 20년 이상 직장에 매달리다 보면 배우자와 자녀들에게 시간을 많이 내기 어렵고, 막상 직장을 그만두고 보니 미안한 마음에 함께 있어주려는 마음을 갖게 된다. 다시 취직하지 않는 한 내몰린 사회로 나가는 것도 싫다. 밥이나 술을 살 형편도 안 되고 얻어먹어도 자존심 상하니 친구를 만나기도 싫고. 그러니 집에서 시간을 보내게 되는 것이다.

꼭 이런 이유가 아니어도, 아이들이 다 자라 둥지를 떠나면 집에는 아내와 남편 둘만 남게 된다. 함께 있는 시간이 어색하고 불편하지 않으려면 부부 사이에도 트레이닝이 필요하겠단 생각이 들었다. "이 나이에 무슨!" 하며 손을 내저을 수도 있겠지만, 생각해보면 함께할 시간이 아직 한참 남았다. 지금부터 남편과 다시 시작해도 무려 살아온 세월만큼 더 살 수 있다. 처음 소개받아 조금씩 알아가고 마음을 주고 사랑하고 결혼했듯이, 조금씩 속마음을 보이고 남편의 속마음을 꺼내 보면서 다시 시작해 나가려고 한다.

"여보, 내일 스케줄 없는데 새벽에 바다 보러 갈까요? 6시에 출발해 초당순두부로 아침 먹고, 속초로 달려가 바다 보고, 점심엔 회 한 접시에 낮술 한잔하고, 오색온천 들러 사우나 하고, 이천에서 묵밥으로 저녁 먹고 오면 알차게 하루 보내지 않을까요. 평일이라 차도 안 막히고, 어때요?"
"원고 써야 한다면서 시간 돼?"
"하루쯤 머리도 쉬어줘야 생각이란 놈이 더 잘 나죠."
"그럼 늦게까지 일하지 말고 자. 새벽에 일어나려면."
"당신이 운전할 거잖아요. 가면서 자도 되지 뭐. 어, 벌써 자게요?"

"아니, 내일 해돋이 볼 수 있나 날씨 보려고."

남편은 언제 일어났는지 커피를 내려 보온병에 담고 과일과 야채를 먹기 좋게 썰어 비닐 팩에 담아놓고 내가 일어나기를 기다리고 있다. 남편의 취미생활 중 하나로 좋아하는 음악만 다운받아 놓은 CD를 들으며 어둠이 가시지 않은 새벽 겨울바닷가로 향했다.

지금부터 절반의 삶은 이렇게 시작하자. 문득 해돋이 보러 훌쩍 떠나기도 하고, 버킷리스트를 하나씩 지워가며 훨훨 세상 돌아보면서 살아도 충분히 늦지 않았다. 아직 절반이나 남아 있다.

"운전 조심해요. 난 더 잘래요."

남편은 말없이 의자를 뒤로 젖혀주고 담요를 덮어준다. 남편이 튼 음악은 《사계》의 〈겨울〉이지만, 내 마음속에는 〈있을 때 잘해〉가 흐른다. '있을 때 잘해 후회하지 말고, 있을 때 잘해 흔들리지 말고, 있을 때 잘해 그러니까 잘해, 이번이 마지막 기회야……'

"아이들이 다 자라 둥지를 떠나면 집에는
아내와 남편 둘만 남게 된다.
함께 있는 시간이 어색하고 불편하지 않으려면
부부 사이에도 트레이닝이 필요하겠단 생각이 들었다.
"이 나이에 무슨!" 하며 손을 내저을 수도 있겠지만,
생각해보면 함께할 시간이 아직 한참 남았다.
지금부터 남편과 다시 시작해도
무려 살아온 세월만큼 더 살 수 있다.
처음 소개받아 조금씩 마음을 주고 사랑하고
결혼했듯이, 조금씩 속마음을 보이고
남편의 속마음을 꺼내 보면서 다시 시작해나가려고 한다."

남편이 은퇴 후 집으로 돌아왔을 때 어색한 건 아내뿐만이
아니다. 자녀들도 오랫동안 아빠의 부재에 포기하고 나름 적
응하며 살고 있는데, 갑자기 거실을 차지하고 아빠로 돌아오
겠다니 여간 불편한 게 아니다. 우리 남편 역시 중간에 나를
통하지 않으면 아들과 대화가 잘 안 된다.

"철이 오늘도 현장에서 자고 못 들어온대?"
"나도 모르겠는데요. 궁금하면 문자 보내봐요."

"철이 여름휴가 언제부터래?"
"안 물어봤는데, 궁금하면 직접 물어봐요."

"그놈 장가갈 생각은 있대? 사귀는 아가씨는 있대?"
"안 물어봤는데. 술이라도 한잔하면서 대화해봐요."

"엄마, 아빠는요?"
"2층에 계신데, 올라가봐."

"엄마, 아빠는 요즘 뭐 하세요?"
"아빠한테 직접 물어봐. 거실에 계시잖아."

남편은 하나밖에 없는 아들이 늘 걱정이고 궁금하면서도 말을 잘 건네지 못하고, 아들도 아빠가 보이지 않으면 궁금해하면서도 직접 대화는 꺼려한다. 어쩌다 대화를 시작하면 길에서 웬수끼리 만난 분위기다.

"너는 장가갈 생각은 있는 거냐?"
"생각은 하겠죠!"
"언제 갈 건데?"
"그걸 어떻게 알아요."
"그럼 누가 아냐, 내 친구들은 다 손자들 자랑이다."
"할아버지 손자 자랑하라고 장가가요?"

표정은 험악해지고 금방이라도 한판 붙을 태세다.

"아니, 두 분 여기서 이러시면 안 됩니다. 아버지와 아들이 식사하면서 나누는 대화로는 너무 험악하지 않아요? 누가 보면 경찰에 신고하겠어요. 아드님도 아버지에게 말하는 태도가 영 불량해요."

"아빠가 나만 보면 아무 생각 없이 사는 놈 취급하면서 짜증 나게 하잖아요."

"아드님 말투도 썩 좋지 않다는 건 아시죠? 오늘 두 분의 회담은 여기서 중단하고, 식사들 하시죠."

간신히 일촉즉발의 상황을 수습하지만 이런 분위기에서 음식이 잘 넘어갈 리가 없다. 나는 기회가 있을 때마다 아들에게 한마디씩 던지듯 한다.

"철아, 너 태어났을 때 말이야. 아빠가 혹시라도 너 어디 다칠까 봐 안아보지도 못했어. 얼마나 좋아하셨다고. 너 태어나고 3일 만에 일주일 예비군 동원훈련 떠나는데, 몇 번씩 다시 돌아와서 네 손 만지고, 얼굴에 대보고 떠나질 못하더라. 아빠 사업이 잘 안돼서 엄마가 원망 많이 하면서 살았는데, 요즘 가만히 생각해보니 회사 그만두고 사업 시작했을 때가 딱 네 나이였더라. 결혼만 했지 아직 어린 나이에 아들은 태어났지, 사업은 안되지, 얼마나 힘들었겠나 싶어. 그렇지?"

"그러게 직장 다니지 왜 사업을 시작해요. 아빠 성격엔 사업 안 맞아요."

"아빠가 말을 안 해서 그렇지, 그때는 교사 우습게 생각할 정도로 무역회사가 최고의 직업이었어. 그런데 갑자기 경기가 안 좋아지니까 직장을 계속 다니기에도 상황이 썩 좋지 않았어. 결혼은 했고 너는 태어나고, 책임감에 아들을 위해서 도전해보자, 그랬던 것 같아. 결과는 안 좋았지만, 한편 이해도 되지 않아? 아빠 많이 힘들었을 것 같지 않아?"

아빠를 이해하고 마음속에 품고 있는 원망을 조금씩 줄여주어 관계를 개선시켜보려고 노력 중이다. 부자지간 사이가 나빠진 이유 중에 많은 부분이 '엄마 고생시키는 아빠'라는 미움에서 출발했고, 무심코 던진 엄마의 말이나 태도가 아들의 생각에 영향을 미쳤다고 후회하기 때문이다. 사내아이들은 엄마에 대한 보호본능이 있어 고생하는 엄마를 보면 아빠가 미워지게 된다. 가족이 셋뿐인데 아빠는 늘 저만큼 떨어져 있다. 내가 먼저 죽을 수도 있다는 생각을 하면 남편이 너무 외로운 생활을 할 것 같아 아들하고 관계를 회복시켜야 한다는 마음이 급해진다. 어버이날 아들 녀석이 선물 사라고 현금을 내민다.

"여보, 철이가 엄마 아빠 필요한 것 사라고 돈을 주네요. 뭐

사 줄까요."

"당신 거나 사. 나는 필요 없어."

"아들이 힘들게 벌어 엄마 아빠 쓰라고 줬는데, 우리 의미 있게 써요. 뭐 할까요? 좀 보태서 둘이 건강검진 받으면 어때요? 아들을 위해서라도 건강해야 하잖아요."

"그렇게 해, 그럼."

"철아, 아빠가 네가 힘들게 벌어서 귀한 돈 주었다고 의미 있게 쓰자고 하시네. 그래서 의논 끝에 아빠가 좀 더 보태 엄마 아빠 건강검진 받기로 했어, 고마워. 아빠가 네가 준 돈이라 함부로 못 쓰겠나 봐. 말은 안 해도 엄청 감격하신 것 같아."

"많지도 않은데요 뭘. 언제 받으시게요?"

"응, 스케줄 보고 예약하려고. 아들 키운 보람 있네."

"히히히."

엄마와 함께한
마지막 여행

친정 엄마의 90세 생일이 며칠 앞으로 다가왔다. 어떤 선물을 사 드릴까, 엄마에게 필요한 것이 무엇일까 생각하다 올케에게 전화했다.

"엄마는 여기저기 세상 구경하며 돌아다니시는 걸 제일 좋아하시니 고모가 하루 모시고 멀리 나가서 식사 대접해드리면 좋아하시지 않을까?"

전화를 끊고 생각해보니 스물여섯에 결혼해서 아이 낳고 지금껏 직장생활하며 열심히 돈을 벌었는데 모두 남편, 자식, 시댁을 위해 사용하고 친정 엄마를 위해서는 몇 십만 원도

선뜻 써보지 못했다. 단 몇 시간이라도 엄마에게 온전히 나를 내어드린 적도 없었다. 생각이 거기에 닿자 열 일 제쳐두고 엄마가 늘 아쉬워하는 딸들 얼굴 실컷 보여드리고, 훨훨 세상 구경도 시켜드릴 수 있는 선물을 준비하게 됐다.

엄마, 언니 둘, 올케, 나 이렇게 여자 다섯이 경주로 여행을 떠나기로 했다. 경상권 교육은 경주에서 많이 진행하기 때문에 익숙했다. 갈 때마다 '비즈니스가 아닌 여행으로 와서 며칠 묵고 가도 좋겠다', '자전거 타고 호수도 거닐고 감포 바닷가도 구경하고 회도 먹으면 딱 좋겠다'는 생각을 종종 했었다. 보문단지 내 새로 지은 콘도의 호수가 내려다보이는 룸을 예약하고, 언니들과 올케에게는 지갑을 가져오지 말라고 했다. 엄마와도 같은 친정언니와 올케에게 비용 부담 없이 떠나는 여행의 자유와 즐거움을 한번쯤 경험하게 해주고 싶었다.

서초동에서 둘째 언니를 태우고 분당으로 가 엄마와 올케를 태우고 대전에서 큰언니를 태운 다음 경주로 출발했다. 점심은 금강휴게소에서 원조 메기매운탕을 먹고, 경주에 도착해 저녁을 먹고 호숫가 2층 바에서 맥주를 마셨다. 사이가 안 좋은 둘째언니와 올케도 그날은 맥주잔을 부딪치며 화기애애했다. 여행은 사람들의 감정을 넉넉하게 만들어준다.

다음 날은 엄마 생신이라 언니들이 준비해온 미역국에 불고기로 아침을 먹고 감포 바닷가로 향했다. 90세가 된 엄마는 여행을 힘들어하셨고 구경도 그다지 안 좋아하시는 것 같았다. 그저 자식들 얼굴 바라보는 낙이 전부인 듯 보였다. 올케와 큰언니가 가장 즐거워했다. 시어머니가 힘들어하는 것도, 자기 엄마가 여행하는 낙을 잃으셨다는 것도 눈치 채지 못하고는 바닷가에서 돌도 줍고 사진 포즈도 취하며 여행을 즐겼다.

돌아오는 길에 엄마는 고향에 들러보고 싶어 하셨다. 고향에 친척이 남아 있는 것도 아니고, 누가 반가워한다고 가시냐고 하면서도 왠지 엄마 청을 거절할 수 없어 그곳으로 향했다. 고향 우물가에서 물 한 모금을 떠서 드시더니, 피난 와서 둘째 언니 낳고 먹을 게 없어 3일 내내 이 물만 마셨다며 한 많은 지난 세월을 회상하셨다. 굽은 허리를 간신히 펴고 앞산, 뒷산, 마을 이곳저곳을 둘러보고 먼 친척 아재를 들녘에서 만나 손을 맞잡고 한참이나 옛날이야기를 하시고는 아쉬운 듯 자꾸 뒤돌아보며 차에 오르셨다.

분당 집에 내려드리고 돌아서는데 "막내야, 애썼다. 돈 많이 들었지. 고맙다." 하시며 막내딸의 얼굴을 애잔한 듯 쓸쓸한 듯 바라보아 영 마음을 편치 않게 하셨다. 그 여행을 다녀오고 3개월 뒤 화장실에서 쓰러지셨는데 일어나지 못했다. 엄마는 집에서 두 달, 병원에서 한 달을 지내다 돌아가셨다. 경주에서의 2박 3일은 엄마와 딸들이 함께한 처음이자 마지막 여행이 되었다.

이다음은 없고 시간은 절대 기다려 주지 않았다. 엄마가 차를 타고 훨훨 돌아다니는 것을 소원하실 때, 힘이 조금은 덜 부쳐 하실 때, 여행을 즐거워하실 때 모시고 여행했다면 얼마나 좋아하셨을까.

'엄마 딱 3일만 왔다 가시면 안 돼요? 하루는 엄마 옆에서 그만 좀 말씀하시라는 그런 소리 안 하고, 온종일 엄마 말에 귀 기울여드릴게요. 하루는 엄마가 좋아하는 오징어회무침, 도토리묵무침, 된장찌개, 갖가지 나물무침을 정갈하게 만들어 엄마와 반주하며 마주 보고 식사하고 싶어요. 하루는 늦잠 안 자고 아침 일찍부터 서둘러 엄마가 좋아하는 드라이브 하고, 온천에 모시고 가서 때 밀어주는 사람 손 빌리지 않고 제가 직접 깨끗이 닦아드릴게요. 엄마가 떠나시는 마지막 밤은 아무리 피곤하고 바쁜 일이 있어도 자리 뜨지 않고, 마지막 1초까지 엄마 손 잡고 눈 맞추고 외롭게 가시지 않게 꼭 함께 있을게요. 3일은 너무 짧지만 욕심 더 부리지 않을래요. 3일이 지나면 또 전화 받아야 하고, 바쁜 일 생기고,

자식 일 남편 일 시댁 일로 엄마와 약속 못 지켜 후회만 더 남을 것 같아 딱 3일만 욕심낼게요. 엄마, 안 될까요.'

"이다음은 없고, 시간은 절대 기다려주지 않았다.
엄마가 차를 타고 훨훨 돌아다니는 것을 소원하실 때,
힘이 조금은 덜 부치실 때, 여행을 즐거워하실 때
모시고 여행했다면 얼마나 좋아하셨을까."

맛있는 음식은
누구에게나 통한다

임종을 앞둔 환자의 고통을 덜어주는 호스피스 전문의인 오츠 슈이치는 그의 저서 《죽을 때 후회하는 스물다섯 가지》에서 음식 맛을 알고 즐길 수 있을 때 실컷 먹어두라고 조언한다. 나이가 들어서일까, 마음의 여유가 생겨서일까, 아니면 사회 분위기 탓일까, 맛있는 음식을 먹는 게 큰 즐거움 중하나가 되었다. 건강에 좋은 맛있는 음식을 직접 만들어 먹기 위해 시간과 노력을 기울이게 된다.

형제들을 만나거나 이웃을 만나도 음식 이야기가 주를 이룬다. 김 부장 이 과장 이야기를 할 것도 아니고, 중요한 프로젝트 이야기를 할 수도 없고, 성인이 된 자식 자랑을 하는 것도 우습다. 주말에 하얀 민들레를 뜯어 겉절이를 했더니 쌉싸름한 게 맛있더라고 하니 서로들 하얀 민들레는 보약인데 어디서 뜯었느냐고 반색이다. 차를 마시고 돌아가는 길에 하얀 민들레를 조금씩 담아주며 쌈으로 먹으라고 하자 너무 좋아한다. 처음으로 요리책을 몇 권 구입해 부엌 한편에 꽂아두고 한두 번 시도해본 음식 레시피는 메모해둔다.

그동안은 일하기 위해서 음식을 먹어왔다. 빨리 만들어 오래 먹을 수 있는 음식을 주로 만들었다. '가족을 위해 맛있는 식탁을 어떻게 만들까'보다는 어떻게 하면 한 번에 많은 음식을 해서 여러 번 먹을까를 연구했다. 김치찌개를 만들어도 생수를 많이 넣고 만들어 최소한 하루는 먹을 양을 만들곤 했다. 음식을 맛있게 먹으려고 공을 들여보지 못했다. 부엌에서 요리하는 시간, 청소하는 시간이 너무 아깝고 허무하기까지 했다. 가족이 먹는 음식인데도 번거롭게만 여겨 혹여라도 밖에서 먹고 들어왔으면 했고, 집에 별 반찬이 없으니 아들과 남편 모두 라면에 익숙해져 있었다. 고객에게 접대하거나 직원 독려 회식에는 공을 들이면서도 정작 가족을 위해 맛집 정보를 찾아서 가보진 못했다.

커피 맛을 즐기게 된 것도 얼마 되지 않는다. 사회생활을 하면서 먹기 시작한 커피 역시 맛을 알고 마셨다기보다는 사회에 적응하기 위해 마셨고 그나마 설탕과 프림 맛으로 먹었다. 만나는 사람마다 '커피 한잔해요'가 인사고, 회의 때도 절차상 있는 것처럼 커피를 마시면서 시작했다.

요리를 제대로 해본 경험이 없어서 새내기 주부처럼 하나씩 배워본다. 한두 번 해보고 맛있으면 새로운 프로젝트에 성공한 것 같은 즐거움이 있다. 우연히 사과, 양파, 늙은 오이를 강판에 갈아 즙을 내고, 매실효소, 간장, 참기름, 고추장을 넣어 소스를 만들고, 소면을 삶아 오이, 김치, 파를 채 썰어 넣고 비빔국수를 만들었더니 맛이 환상이었다. 미각이 꽤 까다로운 아들 녀석도 "응? 맛있는데요. 어머니가 어쩐 일이세요?" 하며 한 접시를 순식간에 먹어 치운다. 정말 우연히 발견한 맛이라, 소스를 다시 만들 수 있을지 모르겠다고 하니 "괜찮아요." 한다. 아들은 엄마에게 음식에 관한 한 큰 기대 없으니 걱정하지 말라는 투다.

타운하우스로 이사한 후 이웃끼리 모여 식사를 나누곤 한다. 어쩌다 회사 다니던 일, 비즈니스에서의 일을 무언중에라도 하게 되면 '웬 잘난 척?' 하는 뜨악한 표정들이다. 그러나 맛있는 야채 샐러드에 딱 3개월 된 사과주를 내놓으며 레시피를 알려주면 무척 우호적인 표정을 보낸다. 나이 먹어가면서는 맛있는 음식으로 소통하는 것이 꽤 유용할 듯하다.

말린 표고버섯, 멸치, 다시마, 파뿌리, 양파껍질을 넣고 한 시간 정도 끓인 육수에 된장을 풀고 청양고추를 넉넉히 넣고 묵은 김치를 몇 조각 넣어 끓인 된장찌개는 두부를 넣지 않아도 맛이 일품이다. 남편도 그릇의 바닥이 드러날 때까지 먹는다. 이렇게 육수를 끓여 된장찌개를 만들 생각을 해보지 못했다. 생수에 된장을 풀고 멸치, 두부 등 이것저것 넣어 이 맛도 저 맛도 아닌 된장을 끓여 식탁에 올리고는, 우리 식구들은 된장을 싫어한다고만 생각했다. 시어머니께 이런 된장국을 한 번도 끓여드리지 못해 참 많이 죄송하다.

'어머니, 아들에게 많이 끓여줄게요. 용서해주세요.'

설거지를 하며 이렇게 혼잣말을 할 때가 있다. 음식을 만드는 데도 가족에 대한 애정이 필요하고, 기본 맛에 충실하되 몇 번의 시행착오를 거쳐 나만의 맛을 내는 성과를 얻게 되니 비즈니스에서 성과를 내는 과정과 별반 차이가 없다. 성과를 팀이 공유하면 행복한 것처럼 맛있는 음식을 해서 가족과 이웃이 함께 먹으면 두 배로 행복해지는 것도 같다.

아들이 결혼을 하고 손자, 손녀를 낳아 데리고 오면 할머니 집에서 가장 기억에 남는 것은 맛있는 음식과 손에 쥐어주는 용돈일 것이다. 손자가 좋아하는 피자를 오븐에서 막 구워 꺼내주고, 며느리 손에는 맛있는 총각김치를 담아 들려 주면 싱글벙글하지 않을까. 사회생활을 조언하고 회사 업무를 조언하면 잔소리로 들려 싫어할 테고, 할머니의 따뜻한 사랑을 담은 맛있는 음식으로 마음을 전할 수밖에 없을 것 같다.

남편에게, 아들에게, 며느리에게, 손주에게 아내표, 엄마표, 시어머니표, 할머니표 음식 맛을 남겨주고 싶다. 내가 없으면, 사회에서 이룬 성과는 전혀 기억할 수 없겠지만, 내가 해준 음식의 손맛은 감각이 기억할 테니까.

개울물 흐르는 소리에 잠을 깼다. 아침을 열어주는 이 소리
가 너무 좋아 창문을 반쯤 열어두고 잠들었더니 유난히 크
게 들린다. 도심의 안방에서 듣는 개울물 소리는 시골 펜션
에서 듣는 것과는 다른 포만감이 있다. 수평선 너머 일출 풍
경은 못 보지만 산 너머에서 창문으로 환하게 쏟아지는 아
침 햇살은 희망을 품게 하는 설렘이 있어 커튼을 늘 거두어
둔다. 침대에 누워 개울소리에 가만히 귀 기울이며 아침햇
살을 맞으면 참 좋다, 행복하다는 말이 저절로 나오며 가슴
이 따뜻해진다. 큰언니가 며칠을 묵고 갔는데 아침의 이 풍
경을 잊지 못해 여러 번 전화했다.

"너 좀 복잡해도 집 팔고 이사 갈 생각 하지 말고 그 집에서 살아라. 천국이 따로 없더라."

"응, 언니가 그렇게 되게 부처님께 기도 열심히 해줘. 아이들 다 장가가고 나면 이 집에서 형제들 양로원 차려 다 함께 모여 살자."

아침에 눈뜨며 행복감을 맛보는 '지내기에 매우 포근하고 아늑한' 보금자리로 이사하는 데 절반의 삶이 걸렸다. 이사를 너무 많이 다녀 주민등록초본을 첨부하는 서류 접수는 웬만하면 피하고 싶다.

추억 속의 아련한 첫 보금자리는 충청도 작은 시골 마을의 초가이다 뒷마당에 작은 딸기밭이 있었는데, 언니들보다 먼저 딸기를 따 먹기 위해 학교에서 십 리 길을 달려오곤 했다. 앞마당엔 큰 감나무가 있어 발을 최대한 곧추 세워 매미채로 홍시를 따 먹고, 밤이면 평상에 누워 별을 셌다. 아빠가 회초리를 들면 돌담을 넘어 내빼서는 아빠 화 풀렸다는 다짐을 받고 엄마 등에 업혀 돌아왔던, 그리움 가득한 추억의 하우스다.

중학교에 입학하면서 오빠 손을 잡고 상경해 머문 두 번째 보금자리는 육군 대령이 사는 한옥의 대문 옆에 있던 방이다. 주인 몰래 도우미 언니가 소시지 반찬을 종종 챙겨주어 친하게 따르다 언니의 야반도주에 가방을 몰래 밖으로 내어주고 오랫동안 겁에 질려 지냈었다. 엄마가 늘 그립고, 수돗물 냄새가 너무 역해 방학만 기다리던(시골에서 우물물만 먹다 처음으로 수돗물을 먹으니 소독 냄새가 적응이 안 되었다.), 큰 나무대문만 떠오르는 방 한 칸의 하우스다.

어린 시절엔 배부르고 등 따신 방에서 잘 수 있고 가족의 사랑이 있으면 마냥 행복한 보금자리였다. 초등학교 때 가장 부러웠던 친구는 엄마와 아빠가 한 번도 싸우지 않고, 땔감이 넉넉해 겨울에도 늘 방이 따뜻했던 이웃집 화자 네였다. 우리 아빠는 술만 드시면 주사가 있어 엄마와 자주 싸우셨다. 아빠가 술을 드시면 집에 들어오지 않았으면 하고 바랐다.

중학교 때는 결혼한 큰오빠, 회사 다니는 둘째 오빠, 대학생 오빠와 다 함께 살고, 책상이 놓인 자기 방을 갖고 있는 같은 반 짝꿍이 너무 부러웠다. 시험공부 같이 하자고 집에 데리고 가면 정말 좋았다. 우리 오빠는 아버지 대신이라는 책임감 때문인지 늘 엄하고 무서운 얼굴을 했는데, 그 친구 오빠들은 기타도 쳐주고 웃음기 가득한 얼굴로 장난도 치며 놀아주어 나중에 저런 오빠랑 결혼하고 싶다는 첫사랑의 마음을 품게 했다. 그 친구네 집이 전세였는지, 평수가 넓었는지, 땅값이 비싼 동네였는지 그런 것은 전혀 기억나지 않는다. 하지만 밥이 맛나고 방이 따뜻하고 가족이 행복하게 웃고 있었던 '포근하고 아늑하고 따뜻한 사랑이 있는 보금자리'라는 부러움은 평생 남아 있다.

결혼을 생각하면서 큰 부자로 살고 싶다든가, 남편이 의사나 법관이었으면 좋겠다는 바람은 한 번도 갖지 않았지만, 싸움이 없는 따뜻한 가정을 이루고 싶다는 바람은 간절했던 것으로 보아 어린 시절의 보금자리는 집의 규모보다는 환경이 중요하다는 생각이 든다. 〈사운드 오브 뮤직〉의 마리아(줄리 앤드류스), 〈로마의 휴일〉 앤 공주(오드리 헵번)의 헤어스타일과 제스처를 따라하고 하모니카로 열심히 '도레미 송'을 연습하던 짝꿍 친구는 밝고 착하고 따뜻한 여인으로 자라 사모(목사님 부인)가 되어 많은 가정에 사랑을 나누며 살고 있다.

결혼하여 자력으로 마련한 첫 보금자리는 마당에 조그만 연못이 있는 단독주택 전세였다. 남편이 결혼 전에 저축한 돈으로 잠실에 13평짜리 아파트를 구입해 세를 놓고, 내가 저축한 돈으로 얻은 전셋집이다. 학원 형태로 많은 학생의 과외 지도를 하고 있을 때여서 1층에서 과외를 할 수 있는 2층짜리 주택에서 웃음이 넘치는 행복 하우스를 꿈꿨다. 그러나 남편이 아파트를 팔아 사업을 시작하고 제5공화국이 출범하면서 학원 금지령이 내려 과외를 할 수 없게 되자, 우리의 행복하우스는 1년이 안 돼 2층 전세로, 방 두 개짜리 전세로, 단칸 셋방으로 계속 옮겨가야 했다.

결국 값비싼 수입 그릇과 가제도구를 친정집 지하 주차장에 쑤셔 넣고 부엌도 없는 방 한 칸짜리로 옮기며 이산가족이 되었다. 이사하던 날 시어머니께서 손자를 시골로 데리고 가셨다. 엄마 아빠 품에 안겨 외출하는 것이 마냥 좋아 연신 방긋방긋 웃어 대는 아들의 손을 놓고 출발하는 기차에서 내려야 했다. 기절할 듯 울어 대며 아빠 엄마를 따라오려고 기차 바닥을 기어오는 아들의 모습을 차마 볼 수가 없어 뒤돌아보지 못했다. 돌아서는 순간 다시 보듬어 안고 올 것 같았기 때문이다.

기름보일러를 사용하는 연립주택의 입구 방이라 기름값 부담을 피하려고 보일러를 막아놓고 냉방에 둘이 누우니 방의 양 벽이 몸에 닿아 움직일 수조차 없었다. 좁은 방의 한기보다, 두 살 배기 어린 아들이 주름진 노모의 가슴을 더듬으며 잠들어 있을 모습이 눈앞에 어른거려 잠을 이룰 수 없었다. 아들을 더 사랑하던 남편이 말없이 눈을 꼭 감고 있어 눈물로 베개가 축축하게 젖었지만 울음소리를 토해낼 수 없었다.

모질게 마음먹자는 생각에 입술만 깨물던, 목이 메어 서로에게 위로도 하지 못하고 지새운 2평짜리 차가운 냉방에서의 기억은 평생 지울 수 없다. 그 밤 엄마의 모성이, 결혼만 했지 여리디 여린 조그만 여인을 단단한 어른으로 만들어주었다.

5년 뒤, 철이가 초등학교 입학하기 3개월 전에 22평짜리 아파트로 이사할 수 있었다. 구두 굽을 일주일에 한 번씩 갈아치울 만큼 발품을 팔고, 점심은 우유에 날계란을 풀어 마시는 걸로 때우며 독하게 세일즈 현장을 뛰어다닌 결과였다. 친정집 지하실에서 주인을 기다리던 신혼 살림도 돌아왔다. 세 돌도 되기 전에 엄마 품을 떠나 시골의 할머니 품에서 자라던 철이는 새카만 얼굴에 유치원 가방을 메고 돌아왔다. 천사의 성품을 지니신 시어머니가 내 손을 쥐고 부엌 한편으로 가셨다.

"에미야 애썼다. 너무 미안코 고맙다. 내 아범을 잘못 키워 너 고생 많이 시킨다. 그런 애가 아니었는데, 와 그리 욕심을 부렸는지 모르겠다. 내 죽기 전에 머리털이라도 뽑아 니 짚신 만들어 신겨주고 갈꼬마. 정말 고맙다."

눈시울을 붉히며 이렇게 말씀하시는 바람에 5년 동안 참았던 독한 마음이 무너져 평생 쏟을 눈물을 다 토해냈다.

저녁이면 퇴근하고 돌아와 따뜻한 물로 샤워하고 작은 베란다에 미니 수족관을 만들어놓고 세상을 다 얻은 것처럼 행복하던 나날을 보냈다. 그러나 아이의 공부방이 있어야 했고 시어머니도 모시게 되어 행복한 웃음은 오래 머무르지 않았고, 작은 집에 대한 짜증이 커져 갔다. 그래서 보금자리를 찾아 이주는 계속되었다.

둘이 있다는 것만으로도 행복했던 시간은 잠깐이고 어두운 밤은 너무 길었다. 지금 내가 알고 있는 것을 그때의 내가 알았더라도, 우리의 보금자리를 되찾기까지의 지난날은 결코 견디어내지 못할 시간이다.

그런 상황에 다시 놓인다면 둘이 함께 대화하고 힘을 모아 최대한 여정을 단축시켜야 한다. 어쩔 수 없이 길어진다면 둘이 함께하는 것만으로도 행복하다는 사랑과, 머지않아 아침이 온다는 굳은 믿음을 줄 수 있어야 버텨내지 않을까? 그 시절 스물여섯의 나에게, 타임머신을 타고 가 조언을 해줄 수 있다면 이렇게 단단히 말해주고 싶다.

"난 아직 너무 어리고, 남편이 다섯 살이나 많아 키다리 아저씨처럼 믿고 따를 수밖에 없었다.'는 핑계를 대선 안 돼. 나이가 많든 적든 결혼했으면 독립한 성인이니 자기 책임이야. 집이 전세든 월세든, 크든 작든 가족이 지내기에 포근한 보금자리는 함께 만들고 지켜내야지. 독하게 돈을 벌더라도 어린 아들은 꼭 품에 안고 함께 살아내며 일해야 해. 아무것도 모르는 어린 아이라도 부모 품에서 떨어지는 상처는 오래 남아 트라우마가 돼. 또 아이들은 너무 빨리 자라서, 상황이 좋아지면 잘해주어야지 했던 것들이 그때가 되면 이미 해줄 수 없는 게 되어버려. 그러니 한 방을 노리든 두 방을 노리든, 사업을 하겠다는 남편의 의지를 꺾진 못해도 가족의 기본적인 보금자리는 손대지 못하게 대화하고 의논하고 그것도 모자라면 협박을 불사해서라도 보금자리를 지켜야지. 그걸 못하면 너 스스로에게도 아들에게도 무책임한 바보일 뿐이야. 현명한 아내, 좋은 엄마는 가족을 위해서라면 때론 양보하지 않는 단호함을 가져야 해."

나는 이십대에는 세상 물정을 몰랐고, 삼사십대에는 직장에서 더 큰 성공만을 좇느라 가족의 보금자리를 구체적으로 생각하지 못했다. 노후 보금자리를 설계하는 안목도 당연히 없었다. 내가 너무 무식하게 살아온 것 같아 부끄러웠다. 부부가 함께 가족의 보금자리와 행복 설계를 출발선에서 계획하면서 살아가는 삶과, 그렇지 않은 삶은 시간이 지날수록 큰 격차를 보인다. 누가 돈을 더 많이 버는지, 누가 더 사회적으로 성공하는지의 문제를 떠나 이것은 가족에게 중요한 과제였다.

오십대가 되어서야 은퇴 후에도 살아갈 집은 어디가 좋을까,

고민하기 시작했다. 노후 생활비를 생각하며 투자해놓은 오피스텔을 팔아 용인시 처인구에 대지 반 임야 반의 500평 규모 농가를 샀다. 30호 정도가 살고 있는 마을로, 10호 정도는 수도권의 외부인이고 그중 절반은 완전 이주해서 살고 절반은 주말 하우스로 이용하고 있다.

농가가 낡아 수리를 해야 했는데, 우리 부부는 외부 건축비에 투자하는 것은 낭비라는 데 생각이 일치했다. 토지 지가는 오르지만 건축비는 제값을 받기 어렵고, 전원생활을 꿈꾸면서 화려한 외관에 돈을 들일 필요는 없을 것 같았다. 농가 외벽에 단열만 보완해서 목재로 마감하고 초록색 페인트를 칠한 뒤 담쟁이 넝쿨을 올렸다. 내부는 천연 페인트로 칠하고 전자제품 정도만 채워 주말 하우스로 이용하고 있다.

새소리. 나무 향. 꽃 냄새 맡고 유기농 채소를 한가득 들고 오는 풍요로움이면 족하고, 그보다 더 큰 효용가치는 남편이 텃밭 농부로 출퇴근하여 땀 흘리며 얻는 여유와 자유로움이다. 그 덕분인지 산책도 이벤트를 걸어야 겨우 움직일 정도로 운동을 싫어하는데 아직 나보다는 더 건강하다.

'나이 먹으면 청소하기도 버겁고 방 하나에 화장실, 작은 부엌 있으면 딱이지. 더 크면 짐이 돼서 관리하기 힘들어요. 병원 가깝고 사우나 가깝고 문화센터 가까운 곳에 이사 갈 걱정 안 해도 되는 작은 아파트 하나 있으면 더 이상 필요 없어요.'

'나이 들면 작은 집에서 살아야 한다고 하는데 나는 그렇게 생각하지 않아요. 잘못하면 고립되고 말아요. 자녀들도 잘 방이 없다는 핑계 삼아 얼굴 잠깐 보고 바로 갈 테고 지인들을 초대하기도 어렵잖아요. 일 년에 한두 번 오더라도 자식들이 하루라도 편히 묵고 갈 방은 있어야 하고, 남편도 작은 서재 방이라도 있어야지 그렇지 않으면 거실에서 서성거려 서로 영 불편해서 안 돼요."

사우나에 앉아 있으면 종종 듣게 되는 여성들의 대화다. 각자 삶의 방식이고 선택이다 싶다. 여유만 있다면 나이 먹을수록 잠자는 공간이 아니라 생활공간이 필요하다는 생각은 하게 된다. 남자들은 은퇴 이후 자기만의 동굴 같은 공간이 필요하다. 그렇지 않으면 밖으로 나가 거리를 배회하게 되고 집에 있으면 무기력해진 모습이 노출되어 가족에게도 바람직하지 않다.

한집에 있어도 서로 얼굴을 보지 않고 다른 공간에서 각자의 시간을 갖는 것도 참 필요하다. 서로 코앞에서 얼굴을 마주 보아야 하는 공간에 있다면 누군가는 일부러라도 잠간씩은 외출을 하고 와야 될 듯하다.

청소의 문제라면 하루는 부엌, 하루는 거실, 하루는 화장실, 요일을 정해 시스템으로 만들어놓으면 굳이 도우미의 도움을 받지 않아도 큰 무리는 없다. 결혼 이후에도 아들 방은 그대로 놓아두어야 주말이고 명절이고 하룻밤이라도 자고 갈 것 같다. 일 년에 한두 밤을 자고 가도 살아 있는 동안 함께 잘 날이 많지 않다. 얼굴만 보고 돌아간다면 아들 집에 가서 묵고 오기는 더 쉽지 않을 테니 좀 서글퍼진다.

나이 들면 시골에서 살아야지 하는 생각도 환상일 수 있다. 부부가 충분히 의논하고 준비하지 않으면 함께 내려갔다가 남편은 시골에 홀로 남고 아내는 도시로 나가 자녀들과 지내거나, 여유가 있으면 아파트에서 따로 지내게 된다. 전원생활의 낭만을 꿈꾸며 내려왔지만 아내는 시골 생활이 불편하다. 도움을 핑계로 자식들 집에 잠깐씩 다녀오다 보면, 시골에서 지내는 것보다 친구나 이웃의 커뮤니티가 더 즐거워 도심에서 머무르는 시간이 점점 길어진다. 홀로 남은 남편은 식사에 소홀한 채 술만 마시게 되고, 우울증이 와 처음 내려올 때보다 부쩍 빨리 늙는 모습을 본다.

시골 이웃하고 친해지는 것도 시간이 필요하다. 친하게 지내 자 한다고 해서 친해지는 것도 아니고, 선물 공세나 음식을 대접한다고 금방 친해지는 것도 아니다. 서울에서 내려온 분 들은 모두 똑같은 말을 한마디씩 해준다. 시골 사람 인심은 옛말이니 괜히 인심 얻으려고 돈 쓸 필요 없다고. 시골 원주 민 분들도 한마디씩 한다. 서울에서 내려온 사람들은 허구 한 날 마당에서 불 피워 고기 구워 먹고 술 마시며 띵가띵가 해서 시끄러워 못살겠다고, 도대체 생각이 없는 사람들이라 고 반감을 드러낸다.

형제끼리도 서로 베풀 때뿐이고, 고마움보다는 서운함이 많 은데, 어느 날 갑자기 시골에 내려와서 몇 번 술 사고는 오래 된 지인의 인심을 원하는 것은 무리다. 열심히 농사지어도 살기 버거운데 좋은 차 타고 마당에 잔디 깔아놓고 이따금 오면서 이웃의 정을 요구하는 것은 자기편의주의가 아닐까. 정을 쌓아가는 시간과 과정이 필요하다. 남편은 5년이 넘으 니 일주일에 한두 번을 가도 안면을 트고 지내는 분이 몇 분 은 되는 듯하다.

남편의 선배 한 분은 10년 전 홍천에 400평짜리 전답을 사 서 대지로 형질변경을 하여 테라스 포함 50평 정도의 집을 지었다. 마당에 갖가지 꽃들과 허브를 예쁘게 가꾸고 잔디도 잘 가꾸었다. 집을 짓고 1년은 금요일마다 부부가 함께 내려갔다. 그러나 부인이 서서히 가기를 꺼렸다. 주말 내내 풀 뽑고 일하다가 서울 집에 오면 또 일을 하게 되었고, 남편이 친지들까지 불러 내리니 아내의 일은 더 많아져 다툼이 시작됐다. 주말마다 가던 것이 2주에 한 번이 되고 2주가 한 달이 되어 마당의 풀을 감당할 수 없게 되자 비싼 비용을 들인 잔디 위에 아예 돌을 깔아버렸다.

그래도 다행인 것은 선배 분이 성품이 좋아 이웃들과 관계를 잘 쌓아두었다는 점이다. 집을 지을 때부터 이웃 한 분 한 분을 찾아가 인사 나누고, 마을 이장 댁에는 꼭 과일이나 두유 등을 사 가서 차를 마셨다. 옷도 시골 농군처럼 허름하게 입고 가고 곡식이나 채소류도 농가에서 좀 여유 있게 지불하고 사 오고 김장도 이장 댁에 부탁하여 담가 오곤 했다. 그런 세월이 10년쯤 흐르자 이제 이웃에서 집을 관리해주고, 이따금 혼자 내려가도 식사는 마을 이웃에게 얻어먹고 오게 되었다.

같은 지역에 대학교수로 지내던 분이 은퇴하고 내려와 산을 등지고 앞으로는 강이 내려다보이는 위치에 그림 같은 2층 전원주택을 짓고 이주했다. 누구나 살아보고 싶게 화이트하우스로 잘 지어져 있다. 집이 마을에서 좀 떨어지기도 했고 처음부터 이웃과 왕래를 별로 안 하고 부부가 작은 텃밭을 가꾸고 산책하고 책을 보며 지냈다. 유일하게 남편 선배분이 내려가면 멀리서 차를 보고 내려와 차도 마시고 막걸리도 했다.

그런데 이주한 지 1년쯤 지나 대학 강사인 딸이 아이를 낳자 아내가 돌봐주러 갔다가 내려오지 않고 간혹 다녀가게 되었다. 그러자 남편은 혼자 그 넓은 집에서 지내게 되면서 우울증이 왔다. 자녀들이나 아내는 모르는 것 같은데 남편의 선배분이 보기에는 우울증 초기인 것 같다며 걱정이 많다. 아내와 자녀 모두 서울로 다시 올라오라고 하지만 너무 큰 집이라 매매가 안 되고, 집을 비워두고 돌아갈 생각은 없어 계속 홀로 지내고 있다고 한다. 남편의 선배는 그분이 걱정되어 일부러 주말에 내려가곤 한다.

나도 남편의 성화에 가끔 주말에 농가에 내려간다. 집을 나서는 순간까지는 풀만 뽑다 올 것 같아 갈등이 많다. 그러나 새소리 들으며 상추, 고추, 민들레 나물을 뜯고, 장작불에 구운 고기를 싸서 한입 먹으면 풀 뽑는 수고쯤은 잊게 된다. 쑥, 두릅, 앵두, 보리수까지 일주일 양식을 한 보따리 들고 나서면 시골에서 이렇게 살아도 좋겠다 싶다. 좀 여유가 있으면 주말 하우스로 전원생활을 즐기면 가장 좋을 듯도 하다.

만약 이주를 계획한다면 일어날 수 있는 여러 변수를 충분히 검토하고 의논하여 부부가 함께 가고, 이웃을 먼 친척보다 가까운 관계로 만들어야 좋을 것 같다. 그래야 노후가 외롭지 않고 혹여 부부 중 한 사람이 먼저 세상을 떠나도 살아갈 수 있을 것 같다. 연고지가 가까운 시골을 택해도 좋고 아예 도시에서 이주해온 비슷한 수준의 이웃이 많이 모여 있는 지역을 택하는 것도 방법일 것 같다.

"네가 이렇게 사는 모습이 너무 좋다. 너 성공한 보람 있으려면 아침 햇살 받으며 눈 뜨는 이 집에서 살고, 주말엔 시골집에 가서 농사짓고 그렇게 살아라. 막내 동생 덕에 쑥 뜯어 떡해 먹고, 개울물 따라 산책하며 한 달씩 묵고 가자."

"그렇게 하자, 언니. 맛난 된장국에 아침 먹고 커피 내려 마시고 저녁엔 테라스에서 부추전 부쳐 막걸리 한잔하고, 그러면서 모여 살자. 언니, 건강하게 몇 년만 기다려!"

막내다 보니 언니, 올케 들이 열 살 이상씩 나이가 많아 어찌 보면 딸 같기도 하다. 자랄 때는 큰언니가 엄마에게서 젖 떼어내고 머리 묶어주고, 둘째 언니는 엄마 대신 결혼 준비를 맡아 해주고, 올케는 내가 여고 때 시집와 내내 도시락을 싸주었다. 두 언니와 올케, 나 모두 딸이 없고 아들만 있다. 모두 장가보내고 나면 형부 두 분이 다 안 계시니 아파트 세놓고 우리 집에서 함께 살아도 좋을 것 같다. 큰언니는 일주일을 묵고 가더니 내 제안에 벌써 마음 설레어 한다.

인생의 절반은 우리 부부의 보금자리를 위한 긴 이주를 했으나 나머지 절반은 형제들의 보금자리 설계로 텃밭도 나누어주고, 누가 농사를 잘 지었는지 점수 내고 함께 여행도 다니며 후회 남기지 않게 행복하게 살아도 좋을 것 같다. 내 마음속 노년의 집은 지금 살고 있는 타운하우스다. 이곳에서 생을 마감하고 싶고, 용인 농가는 남편이 건강하여 관리가 가능할 때까지 주말 하우스로 사용하다가 매매할 생각이다.

"인생의 절반은 우리 부부의 보금자리를 위한
긴 이주를 했으나 나머지 절반은 형제들의 보금자리 설계로
텃밭도 나누어주고, 누가 농사를 잘 지었는지 점수 내고
함께 여행도 다니며, 후회 남기지 않게
행복하게 살아도 좋을 것 같다."

우리는 모두 각자 살아온 설움이 너무 커서 다른 사람의 아픔을 잘 보지 못한다. 토론문화가 잘 안 되는 것도 내 할 말이 많아서 상대방의 말에 귀 기울일 여유가 없기 때문이다.

생일날 아침이었다. 아들은 아파트 건설현장에서 근무 중이라 토요일에도 새벽같이 출근했고, 남편도 일 때문에 일찍 나가고 없었다. 침대에서 뒤척이다 9시가 다 되어 일어나 습관처럼 스케줄을 점검하니 달력에 'My birthday'라고 적혀 있다. "오늘이 내 생일이었네. 딸이 있었으면 애교 섞인 메모라도 붙여놓고 나갔을 텐데." 하며 식탁에 앉았다. 평소처럼 얼려 놓은 쑥 인절미를 녹이고 사과를 껍질째 반으로 잘라

놓고 토마토 주스를 만들어 막 마시려는 순간 핸드폰이 울렸다.

"고모, 있잖아, 나 폭폭해서 못 살겠어."
"왜?"
"오빠가 대전 큰고모 생일에 못 간대."
"회사 일이 바쁜가보지."
"바쁘긴 토요일인데 뭐가 바쁘겠어. 친구들하고 어울려 놀겠지. 이제 나이 먹고 했으면 집안 행사라도 마누라하고 함께 가야 하는 거 아냐. 자기 동생 생일이고, 게다가 칠순인데 안 간다니 말이 돼? 나도 안 갈 거야. 그런 줄 알아 고모."
"동갑이라 시누이가 아니고 친구라고 늘 말하던 건 거짓말이었어, 안 가게."
"막내고모 말은 오빠가 들으니까, 전화해서 가자고 말 좀 잘 해봐."
"알았어, 내가 전화해볼게."

5분이 채 지나지 않아 다시 핸드폰이 울렸다. 이번에는 대전에 살고 있는 큰언니였다. 나이가 들면 서론이 없이 자기들 할 말만 돌직구로 던진다.

"나 자식들 보기 민망해서 칠순잔치 안 해야겠다."

"언니 왜?"

"글쎄 오빠랑 올케가 못 온단다. 오빠라고 달랑 하나인데 안 온다는 게 말이 되니? 내가 옛날에 오빠한테 어떻게 했는데."

"알았어, 내가 오빠한테 잘 이야기해볼게."

"이야기할 것도 없어. 서로 왕래 안 하면 그뿐이지 뭐. 아쉬울 것 하나도 없어."

"언니 화 많이 났구나."

"너도 생각해봐라. 엄마 아버지도 안 계시는데, 오빠마저 안 오면 자식들한테 내 체면이 서겠냐?"

"알았어, 언니. 걱정하지 마. 내가 오빠한테 전화해보고, 아니면 직접 가볼게."

언니는 오빠랑 이북에서 피난 내려오던 이야기부터 시작해서 고구마 한 조각이 있어도 먹고 싶은 걸 침을 꿀꺽이며 참고 오빠에게 주었는데, 다 소용없다며 서운함을 참지 못했다. 나는 전화를 끊고 오빠 번호를 눌렀다.

"오빠 저 막내예요. 전화 받으실 수 있어요?"

"응, 그래. 말해."

"경기가 나빠 많이 힘드시죠?"

"나만 그런 것도 아니고, 모두 다 힘드니 잘 버텨내야지 뭐.

넌 어떠니?"

"전 괜찮아요. 영업분야 교육이라 경기를 비교적 덜 타는 편이에요. 오빠, 다음 달 대전 언니 생일에 시간 내기 쉽지 않으시죠?"

"그럴 정신이 없다. 네가 좀 잘 이야기해라."

"예 알았어요. 그런데 오빠, 어려워도 하루 시간 내시면 어떨까요. 대전 언니는 이해하지만 며느리한테 체면이 안 선다고 많이 서운해하는 눈치예요. 엄마 아빠도 안 계시니 저희들에게 오빠는 이제 부모님이거든요. 형부도 안 계시니 자식들에게 친정이라도 내세우고 싶은가 봐요."

돌아가신 부모님까지 팔아 오빠가 참석하는 것으로 사태는 잘 마무리되었다. 올케와 큰언니의 전화를 번갈아 받고, 서운한 이야기 다 들어 주고 중재에 나서 마무리하고 보니 11시가 넘었다. 토마토 주스는 야채 묵처럼 뻑뻑하게 응고되어 수저로 떠먹어야 했다.

'항상 엄마 대신이라고 말씀하시는 언니, 올케. 오늘 내 생일이거든요. 나도 서운하다고요.'

가족이나 조직사회나 다를 게 없다. 내가 지금 하고 있는 고생은 너무 크고, 아프고, 누구 때문이고, 내가 힘들 때 모른

척한다는 원망과 서운함이 많아 상대방이 처한 어려움과 서운함은 잘 헤아리지 못한다. 매일 토해내는 원망, 슬픔, 서운함이 참 많다. 긍정적인 생각만 해도 성공할 수 있다고 하니 얼마나 많은 부정적인 생각에 사로잡혀 살아간다는 말인가.

어린 시절엔 밤 한 톨도 나눠 먹고, 동생이 밖에서 맞고 들어오면 아무리 힘에 부치는 상대라도 기꺼이 복수를 대신 해주겠다고 나서고, 때론 부모님보다 애틋한 정을 나누었던 형제가 나이를 먹을수록 점점 소원해져 남남처럼 지내는 경우가 많다. 자매들끼리는 그래도 우애를 지키는데 형제지간은 해가 더해갈수록 이전의 우애를 지키며 지내기가 정말 쉽지 않다.

부모님이 살아 계실 때까지는 원망하고 서운해하면서도 부모님 생신, 명절에 모여 얼굴 보면 순간 서운함이 가시기도 한다. '언니 왔어', '너 왔니' 한마디만 던져도 서운한 마음이 녹아내리는 것은 같은 피가 흐르는 형제이기 때문이다.

그러나 부모님이 돌아가시고 나면 전화도 뜸하게 되고 명절에도 이런 이유 저런 이유로 얼굴 보기가 어렵게 되어 서운함만 쌓인다. 종종 만나서 대화라도 나누어야 '오빠가 서운해하고 있구나.' '형부가 섭섭한 일이 있나 보네.' '동서가 그

건 오해한 거야' 하는 소통이 있을 텐데, 만남이 없으니 각자 판단하고 오해하게 된다. 별일도 아닌 소소한 것들이 꼬리에 꼬리를 물고 머리처럼 커진다. 조카 결혼식에 축의금을 고것밖에 안 냈느니, 둘째 며느리인 내가 명절에 일을 더 많이 했다느니, 딸도 자식인데 어머니 병원비는 똑같이 부담해야 하지 않느냐 등 어찌 보면 서로 창피하여 입 밖에 내기 어려운 일들이 대부분이다. 사랑하는 조카의 결혼식에 고것밖에 낼 수 없었으면 요즘 사정이 많이 안 좋은가 하는 걱정이 앞서야 하지만 서운한 마음이 먼저다. '너 막내 깍쟁이, 왜 축의금을 그렇게 조금 냈어?' 하고 솔직하게 표현을 하면 어려운 사정이 있다는 이야기를 듣게 될 텐데, 서로 묵언수행하고 있다가 계기가 생기면 옛날 옛적에 서운했던 것까지 더해 한꺼번에 토해내고, 단순한 남자들은 욱하게 된다.

감정의 서운함만 남기는 것도 아니다. 세 식구가 살고 아들 녀석은 잠자는 것 외에는 일주일에 한 번 정도 식사하고 우리 부부 역시 집에서 하루 한 끼 정도 먹는데, 음식물 쓰레기가 매일 나온다. 청소기를 돌릴 때마다 먼지 찌꺼기가 수북이 쌓여 놀라곤 한다. 라면봉지, 음료수병, 우편물, 봉투, 택배상자…… 일주일에 한 번 버리는 재활용품도 엄청나다. 머리카락, 콧물, 샤워하면서 흘려보내는 오수, 설거지오수 등을 매일 아무렇지 않게 버리며 살아간다. 버리지만 말고 무엇이든 조금이라도 남기고 가야 하지 않을까? 참 일찍도 생각한다.

이렇게 많은 것들을 매일, 한 달, 일 년, 백 년을 버리고 가는 지구에 정말 미안하고 걱정도 된다. 환경운동가들이 캠페인을 벌이고 동참을 호소하는 것을 보면서 '유난스럽기는.' '살 만하니 환경도 생각하지.' 등과 같은 생각을 하며 부정은 하지 않았어도 깊이 공감하지도 못하며 살았다. 머리도 마음도 늘 분주하고 눈앞에 놓인 문제들만으로도 벅차 한 치 옆을 볼 여유가 없었다고 치부하더라도 너무 소아적으로 살았다. 청소를 하면서 어느 순간 내가 이렇게 매일 오염시키며 살았구나 하는 생각을 하게 됐다. 전원주택엔 일주일 만에 가도 달래, 냉이, 쑥, 민들레, 비듬나물 등 갖가지 나물이 쑥쑥 자라 있다. 상추며 부추 등도 심어놓으면 금방 자란다. 귀한 선물을 잔뜩 가져오면서 오염 흔적은 잔뜩 남기고 온다. 음료수 병, 음식을 싸 간 비닐봉지…… 태우기도 하고 가지고 와서 재활용품 수거함에 넣기도 하지만 결국 버리는 것은 매한가지다.

식목일 행사가 아니어도 자주 즐겨 오르는 산에 일 년에 묘목 한 그루를 심으면 어떨까. 앞으로 30년을 더 살게 되면 부부가 60그루의 나무는 지구에 남길 수 있다. 시골 땅을 팔지 안 팔지 결정을 못 했지만 매년 소나무, 벚나무, 단풍나무 등의 묘목을 열심히 심었더니 100그루가 꽤 자라 무성해졌다. 환경운동에 앞장서고 아프리카 난민 기금에 동참하지 않더라도 내가 성장한 학교나 즐겨 오르며 위안을 받는 동네의 등산로에, 가까운 형제들의 어려움에 마음을 보태고 나누며 살아야 덜 미안하고 위안도 될 것 같다.

첫 시도로 큰언니의 칠순 생일에 내려간 김에 언니를 차에 태우고 와서 일주일을 함께 지냈다. 엄마에게 시간을 내어드리지 못하고 맛난 된장찌개 한번 직접 끓여드리지 못해 안타까웠으니 대신 언니에게 해주자는 결심에서였다. 유난히 깔끔한 언니의 성품을 잘 아는 터라 매일 온 집안을 청소하고 아침밥 하고 함께 산책하고 장도 보고 주말에는 농장에 가서 나물 뜯고 쑥 뜯어 떡도 해 먹고 저녁에는 전을 부쳐 테라스에서 과일주도 먹으면서 지냈다. 사무실도 나가지 않고 미리 잡힌 강의 스케줄만 마치고 바로 들어와 일주일을 언니와 오롯이 보냈다.

첫 날은 밤을 꼬박 새웠다. 아버지 등에 업혀 이북에서 피난 오던 이야기부터 공부가 너무 하고 싶어 교복 입고 학교 갔다 오는 또래 친구들을 먼발치에서 보며 몰래 울었지만 부모님에게는 말씀드리지 못한 사연, 결혼해서 아들 셋을 먹이고 학교 보내기 위해 안 해본 일이 없이 힘들고 서러웠던 이야기들을 쏟아내며 울고 웃었다. 남편에게도 자식에게도, 부모님에게조차 말하지 못했던 언니의 인생 스토리를 들으며 밤을 하얗게 새우고 아침을 맞았다. 언니가 그렇게 힘든 나날을 보낸 것을 처음 세세히 듣게 되었다.

부모님 다음인 언니가 그런 세월을 보내는 동안 아무런 도움도 위안도 주지 못하고 저 혼자만 열심히 살았으면서 나름 성공했다고 자부했던 내가 많이 부끄러웠다. 그렇게 어려운 환경에서 아들을 셋이나 잘 키운 언니가 정말 훌륭하고 성공한 것이다.

언니는 친정에 와도 엄마가 연세 드신 탓에 늘 편히 쉬지 못하고 집안 구석구석을 쓸고 닦고 음식을 만들어주고 늘 부지런히 일을 하다 갔다. 난 늘 누워 뒹굴며 손 하나 까딱하지 않고 먹고만 왔는데, 모두 언니의 큰 품 덕이었다. 직장에서 리더가 자신의 어려움이나 외로움은 감추고 휘하 조직들을 큰 품으로 안는 것과 같았다.

늘 받는 사람은 당연하게 받고 주는 사람은 당연히 주어야 된다고 생각한다. 상사한테 한 번이라도 식사를 대접하며 '부장님 많이 힘드시죠. 제가 좀 더 열심히 하겠습니다.' 하는 것은 아부가 아니라 늘 받는 사람의 도리였다. 너무 늦었지만 언니가 아직은 건강하고 이성이 또렷할 때 일주일 동안 밥도 나누고 정도 나눌 수 있어서 참 다행이다.

누구나 자기 인생에 대해선 '할.많.하.않'이다. 왜 내게는 시련이 이토록 많은지, 그러나 힘든 얘기는 듣기 싫고 지루할 테니 '할 말은 많지만 하지 않는다'. 그래서 모두들 책을 한 권쯤 내고 싶어 하는 것 같다. 내가 살아온 세월의 한을 조금이라도 알아달라. 그리고 당신들은 나처럼 그렇게 힘들게 살지 않았으면 좋겠다는 바람이 아닐까.

직장에서도 그런 세월을 인내한 사람들이 종종 자기의 경험을 잘 정리하여 책으로 내곤 한다. 그 책을 통해 많은 이들이 도움을 받고 그분들 역시 새로운 기회를 얻기도 한다. 여건만 된다면 매일 한 줄씩이라도 기록을 남겨 자신의 삶을 책으로 묶어 내고, 그분의 삶에 대한 격려와 응원의 표시로 한 권씩 사서 보는 그런 문화도 서로를 위해 좋지 않을까 생각해본다.

미국 코넬대학교의 칼 필레머 교수는 연구원들과 함께 800명 현자들(노인들)의 100세 인생 스토리와 교훈을 "8만 년의 인류 유산 프로젝트"로 연구하여 그 결과를 단행본 『내가 알고 있는 걸 당신도 알게 된다면』으로 펴냈는데, 세계적인 베스트셀러가 되었다. 세상을 좀 더 먼저 산 800명의 어른들이 당신의 삶에서 깊이 새겼던, 힘들었고 갈등했던 이야기를 인터뷰로 정리한 것이다. 우리네 어머니 아버지 800분의 삶의 스토리를 묶어놓았다면 좀 더 공감이 갔을 것 같다.

일주일을 언니와 그렇게 보내고 나서 병이 났다. 매일 청소하고 세 끼 식사를 챙기는 일이 녹록지 않았다. 주부들의 급여 계산을 숫자화한 데이터를 매스컴에서 보고 일반 남성들이 하는 생각을 똑같이 했었다. 밖에서 돈 버는 일이 얼마나 힘든데 집에서 벌어다주는 돈 가지고 밥 세 끼 챙겨주는 게 뭐 대단하다고. 그런데 막상 그 일을 일주일하고 넉 다운이 되었다. 회사에서든 가사에서든 작은 성과라도 얻으려면 힘든 과정을 치러야 했다. 그래서 시작도 힘들고 끝까지 해내는 일은 더 어렵다.

절반의 삶은 주변을 돌아보는 여유를 가지고 살아가려 한다. 가까운 형제들의 아픔이나 어려움부터 보듬어보고 싶다. 같은 부모님에게서 태어나 부모님 다음으로 언제나 내 편이었던 형제들끼리 소원하게 살아간다면, 큰돈을 벌고 명예를 얻었다 해도 세상을 떠나는 날 잘 살아왔다고 할 수 없을 것 같다.

매일 매순간 몸 밖으로 내놓고 버려 평생을 오염시키는 지구 환경에 한 방울의 산소라도 더 남기고, 정화시키는 노력도 꾸준히 실천하려 한다. 우리 아들 철이, 철이의 가족, 그리고 소중한 많은 사람들을 위해서.

또 물질적인 여유가 안 되면 갖고 있는 목소리라도 기부하는 동참으로 절반 삶의 경제생활에 일조해준 사회에 보답하는 시간을 가지려 한다. 죽을 때까지 철나기 어렵다더니 절반의 삶을 살고 나서야 당연한 생각을 조금이라도 갖게 된다.

"누구나 자기 인생에 대해선 '할.많.하.않'이다.
왜 내게는 시련이 이토록 많은지, 그러나 힘든 얘기는
듣기 싫고 지루할 테니 '할 말은 많지만 하지 않는다'.
그래서 모두들 책을 한 권쯤 내고 싶어 하는 것 같다.
내가 살아온 세월의 한을 조금이라도 알아달라.
그리고 당신들은 나처럼 그렇게 힘들게 살지 않았으면
좋겠다는 바람이 아닐까."

나는 오늘 한 분의 삶에
확실한 영향을 끼쳤다

지방에 오전 일찍 강의가 있는 날이면 새벽 6시 이전에 집에서 출발하곤 한다. 일어날 때는 조금만 더 잤으면 하는 마음이 간절하지만 일단 출발하고 나면 새벽길을 달리는 기분이 꽤 상쾌하다. 어둠이 조금씩 가시는 새벽길을 음악을 들으며 운전하면 살아 있다는 기분이 전해지며 짜릿한 쾌감이든다. 조금 여유 있게 출발하면 커피 맛이 좋고 풍경도 괜찮은 휴게소에 들른다. 따뜻한 커피를 손에 쥐고 먼동이 트는 풍광을 마주하고 있으면 오늘 이 아침, 그리고 모든 이들에게 감사해진다. 최고의 컨디션으로 시작한 하루는 선물 같은 시간을 만들어준다.

"여러분과 이 시간에 만나기 위해 새벽 4시에 알람을 세 개나 맞추어놓고, 뇌를 깨우는 음악을 듣고, 커피로 세포까지 깨우며 달려왔습니다. 우리 두 시간을 선물 같은 시간으로 만들어볼까요. 지금 이 시간에 간절한 꿈을 품는다면, 그리고 꿈에 다가가기 위해 꼭 필요한 딱 한 가지만 내일이 아닌 오늘부터 실천에 옮긴다면, 1년 뒤 삶이 달라지고, 3년 뒤에는 꿈이 눈앞에 보이고, 10년 뒤에는 모두의 삶이 완전히 바뀌게 됩니다. 지금 어떤 상황에 있는지는 아무런 문제가 되지 않습니다. 1초만 기다리면 지나간 시간이 되니까요. 그 1초 동안 내가 시도할 수 있는 실천을 가슴에 정확히 담고 몸으로 실천하며 절대 포기하지 않으면 꿈을 이룰 수 있다는 것을 우리는 이미 알고 있고, 경험도 했고, 주위에서도 보았습니다. 지금 이 시간을 10년 뒤 우리의 삶을 바꿀 수 있는 선물 같은 시간으로 만드는 것 역시 우리입니다."

교육생 한 분이 뒤따라 나오며 손을 잡고 눈물을 글썽인다.

"원장님 저 포기하고 싶었거든요. 교육도 회사에서 반강제로 참여시켰는데, 다시 시작해보기로 결심했어요. 실은 원장님 말씀처럼 제 문제였어요. 최선이 아니라 정확히 실천한 한 가지가 있었나 생각해보니 없었어요. 실천하지 않으면서 성과만 원했고, 주변 사람들에게 원망만 품었던 것 같아요. 내

일부터 간절히 원하는 꿈을 달성한 내 모습을 생각하며 행복한 미소를 짓고 팀 동료보다 한 시간 일찍 하루를 시작하려고 합니다. 이 실천을 우선 무조건 1년 동안 성공헌법으로 삼아 실천하겠습니다. 너무 감사합니다."

한마디를 던졌는데 열 배로 받아들인 교육생에게 오히려 내가 큰 선물을 받았다. 나는 오늘 한 분의 삶에 확실한 영향을 미쳤다. 가슴이 뛴다. 이 일을 시작할 때는 가슴 뛰는 일을 찾았던 것은 아니다. 호구대책이었고 가장 잘할 수 있는 일을 선택했을 뿐이다. 그런데 지금 이 순간은 정말 가슴이 뛴다. 누군가의 삶에 영향을 미친다는 것은, 그리고 눈빛과 손의 온기로 그 영향을 확인할 수 있다는 것은 정말 가슴이 뜨거워지는 일이다.

가슴 뛰는 일을 찾아 모두 어딘가로 떠날 수는 없다. 배낭을 메고 지구 밖으로 행군할 수도 없고 버킷리스트를 지워가며 세계를 유람할 수도 없다. 엄마 품에 있는 세 아이들과 밥 안 주냐고 불쌍한 눈으로 바라보는 남편을 놓아두고 나만의 가슴 뛰는 일을 찾아 떠난다고 행복할 수 없다. 결혼을 앞둔 큰딸과 대학생 아들, 교사가 꿈인 고등학생 막내딸, 편찮으신 시어머니 뒷바라지하느라 부업까지 하며 애쓰는 아내를 둔 오십대 가장이 좀 더 가슴 뛰는 새로운 직업을 찾아 일탈을 꿈 꿀 수는 없다.

그러나 지금의 일에서 가슴 뛰는 의미를 찾을 수는 있다. 회사에서 큰 프로젝트 때문에 정말 초죽음 상태로 침대에 늘어져 있다가 억지로 일어나 아들의 가방을 챙겨 유치원 버스에 태웠다고 하자. 그 아들이 유치원 선생님의 말씀을 초롱초롱 듣고 엄마를 피곤하게 하는 프로젝트를 해결해줄 로봇 과학자가 되겠다는 꿈을 갖는다면, 나는 가족과 함께 가슴 뛰는 하루를 연 것이 아닐까? 새벽 시간 첫 손님이 졸음을 이기지 못하는 듯해 잔잔한 세미클래식을 틀어주었다고 하자. 평소 즐기던 음악에 졸음을 쫓은 손님이 한 달 동안 고민하던 새 사업 아이템을 떠올렸다면 오십대 개인택시 기사인 가장은 오늘 충분히 가슴 뛰는 일을 한 것이 아닐까?

정말 행복하고 가슴 뛰는 이 시간을 잊고 살 때가 많다. 나는 삼십대에 꽤 귀엽고 깜찍한, 매력적인 커리어 우먼이었다는 사실을 오십이 넘어서야 알았다. 키가 작고 눈코가 작아 올망졸망하다는 불만에 시샘하는 동료가 있다는 것도 모른 채 얼굴을 구박하고 부모님까지 원망하다 이제야 삼십대의 젊음이 부러워 돌아가신다.

젊음 자체만으로도 얼마나 행복한지, 무엇이든 도전해볼 수 있는 희망찬 시점에 있다는 것을 당시에는 잘 모른다. 충분히 아름다워 화장을 과하게 하지 않아도 된다고 말해줘도 모른다. 76세의 지인이 흥분된 소리로 전화했다.

"신 원장, 나 아침부터 기분 완전 다운돼서 살기 싫어."
"왜요, 무슨 일이신데요?"
"아침에 기분전환하려고 수영장에 갔는데, 글쎄 '할머니가 수영을 아주 잘하시네요.' 그러잖아. 내가 다 늙은 할머니야? 아줌마라고 하든지 어머니라고 하면 좀 좋아."

76세에도 건강하고 여유 있어 수영할 수 있는 그 아침이 얼마나 상쾌하고 기분 좋고 감사한가. 할머니를 할머니라 부르는데 뭐 어떤가. 세련된 멋진 할머니의 활기찬 아침이면 족하지 않을까?

가슴 뛰는 일을 찾는 것도 중요하지만, 지금 이 순간이 가슴 뛰는 삶이란 걸 잊고 있는 것은 아닐까. 내게 없는 것을 다른 곳에서만 찾으면 불행해진다. 이 세상에 유일한, 무조건적인 내 편인 부모님이 병상에 계시지만, 살아 계시는 오늘이 얼마나 행복한 일인지 모르고 왜 나만 병원비를 부담하고 간병해야 하냐고 짜증을 낸다. 저녁에 아파트 불을 켜놓고 현관문을 열어주고 식탁 앞에 마주 앉아 있는 아내가 있어 얼마나 큰 행복인지 모른 채 무덤덤하게 식사를 한다. 아침에 출근하기 위해 허둥지둥 일어나고 뛰어서 지하철을 타고 상사의 눈치를 보고 퇴근길에 시원한 호프를 한잔하며 동료의 험담을 나누는 일상이 얼마나 가슴 뛰는 하루인지 모른 채 흘려보낸다. 많은 시간이 흘러 일을 할 수 없게 되었을 때 비로소 그 시간이 간절히 그립고, 갈등했던 동료 한 명 한 명이 궁금하고 보고 싶어진다.

아프면 나만 손해

작은 사업체를 운영하는 L사장은 일요일 하루는 모든 일 제쳐두고 날씨에 상관없이 무조건 아내와 산행을 한다. 산을 오르며 일주일 동안 서운했던 감정, 아이들 이야기, 서로의 어려움 등을 이야기하며 정상까지 오르고 내려와서는 막걸리를 각 1병씩 하고 돌아온다. 평일에는 서로 대화할 시간이나 서운한 마음을 헤아려 줄 여유가 없다. 남편은 거래처 관리, 출장, 회식에 아내와 눈 맞출 시간도 없고, 아내 역시 축구하는 중학생 아들, 바이올린을 하는 고1 딸, 고3 수험생 아들 뒷바라지에, 중풍으로 쓰러져 요양원에 계시는 시어머니 뒷바라지로 늘 녹초가 된다. 가정이 붕괴될 수도 있는 상황이지만 일요일 산행 덕분에 주간 컨디션을 유지한다. 부부 둘 다 체력관리뿐 아니라 건강관리도 되고 있으므로 짜증내지 않고 일주일을 버티어 낸다. 꾸준한 일요일 산행이 없었다면 아마 이혼했거나 둘 중 하나는 과로로 쓰러졌을지도 모른다.

사오십대가 되면 아이들에게도 뭉칫돈이 들어가고 부모님도 건강상 문제가 생겨 부양해야 하는 상황이 오게 된다. 열심히 돈 벌어도 나를 위해서 쓰는 건 하나도 없고, 버는 족족 학원비로 병원비로 다 나가버리니 무기력해지고 짜증도 난다. 그러나 이 시기를 잘 견뎌내지 못하면 집안의 중심인 부부마저 건강상의 문제가 생길 수 있다. 정신적으로 육체적으로 힘들면 스트레스가 쌓이고, 그것이 중대한 질병으로 연결되기도 하기 때문이다. 그러므로 무엇보다 건강과 체력관리에 신경을 써야 한다. L사장의 사례처럼, 부부가 서로의 상황을 이야기하고 공유하는 시간도 꼭 필요하다. 부부는 '0'촌이라는 지나친 믿음으로 서로의 어려움을 당연히 이해해줄 것이라 생각하고는 속내를 말하지 않으면 오해가 쌓여 정말로 무촌이 되기도 한다.

프렌차이즈업을 하는 오십대 중반의 H씨 부부는 매일 한 시간씩 배드민턴을 치고 하루를 시작한다. 종일 가게에서 치킨 냄새 맡고 튀기고 서빙하고 배달까지 하고 나면 너무 피곤하고, 그렇다고 돈을 많이 버는 것도 아니어서 서로에게 불만만 가득했다. 아내는 남편이 회사를 일찍 은퇴한 것이 못마땅하고, 남편은 아내가 장사에 좀 더 적극적이지 못한 것이 못마땅했다.

장사를 시작한 지 1년 만에 아내의 건강이 나빠져 풍이 왔다. 체육교사인 사위의 조언으로 배드민턴을 시작했는데 꾸준히 하니 점점 건강이 회복되어 이제는 일상 루틴이 되었다. 뒤늦게 건강하기만 해도 행복하다는 걸 깨달은 뒤 표정이 밝아졌고, 손님들과도 대화를 많이 나누게 되자 좋은 일도 생겼다. 자주 오던 단골손님이 부근에 회사가 많으니 점심 메뉴를 하나 더 개발하면 어떻겠느냐는 의견을 냈고, 치킨정식 도시락 메뉴를 추가하자 매출이 많이 늘었다. 건강이 제일이지, 부부가 함께 치킨집이라도 운영할 수 있는 것도 행운이지, 아침마다 함께 운동하고 출근하는 부부가 얼마나 있겠어, 좋은 단골손님까지 늘어나는데 더 바라면 안되지 하는 마음으로 매일 기분 좋게 하루를 시작한다.

병문안도 가고 조문도 종종 가면서 내가 아플 수도 있다, 죽을 수도 있다는 생각은 못 하고 살아왔다. 건강검진을 받으러 가기 일주일 전이 되어서야 죽으면 소용없다, 건강이 제일이지라는 생각을 절절하게 한다. 자발적으로 돈을 내고 종합건강검진을 받은 것도 오십대가 되어 처음이다. 많이 두려웠다. 꼭 죽음 때문이 아니라 갑자기 여러 생각이 들고 두려움이 엄습해왔다. 엄마가 내 나이일 때가 잘 생각나지 않아 셈을 열심히 해보니 내가 십대였다. 우리 엄마도 내 나이에 나보다 많이 더 두려웠겠지? 남편 대신이고 연인이기도 했던 아들은 결혼해서 아내밖에 모르고, 시집보내야 하는 딸에 사춘기에 접어든 딸까지, 당신은 아무 능력도 없고 삶이 얼마나 막막했을까. 딱 한 번만이라도 엄마 품에 파고들며 "엄마 힘들지? 걱정 마, 내가 있잖아. 막내가 열심히 살아낼게." 한마디만 해드릴걸 하는 후회가 절절하다.

엄마가 변비가 심하다고 하실 때 요구르트만 사다 드리지 말고 종합건강검진을 해드렸으면 암을 초기에 발견할 수 있었을 테고 아직 살아계실 수 있지 않을까? 나이 들어 그냥 죽는 법은 없고 병이 발병하고 그로 인해 사망에 이른다고 한다. 노인들의 경우는 대개 나이 들어 소화가 안 되는 거겠지, 구십이 다 되셨고 소식하시니 변비가 있으시겠지 그렇게 생각하고 지나쳤다가 위급한 상황이 되어서야 병원에 모시고 오기 때문에 치유가 어렵다고 한다. 우리 엄마도 대장암 말기였다는 것을 쓰러지신 후에 알았다.

의사가 쓴 글이나 책을 보면 세 명 중 한 명 꼴로 암에 걸린다고 한다. 그러나 암도 조기에 발견하면 완치도 가능하기 때문에 건강수칙은 무조건 조기에 발견하는 것이고, 일 년에 한 번씩은 건강검진을 받는 것 이외의 다른 방법은 없다고 한다.

평생을 치과의로, 사단법인 한국치과교정연구회 회장으로 세계를 무대 삼아 의료활동을 편 김일봉 의학박사는 부정적인 습관 중에서 한 가지만 긍정적인 습관으로 바꾸어도 건강하게 10년 이상을 더 살 수 있다고 한다. 지금부터라도 건강을 위한 생활 매뉴얼을 만들어 지키려고 한다. 꼭 오래 살기 위해서라기보다 건강한 나날을 보내 가강 가까운 가족에게 부담을 최소화하기 위함이다.

제주도 세미나 계획을 세웠다. "서울, 부산을 제외하면 신청자가 많지 않은데 제주도에서 신청할까요?" 직원의 부정적인 견해가 컸지만, 수익이 없어도 비용만 나온다면 여행 가는 셈 치기로 하고 스케줄이 비교적 적은 12월에 시도했다. 하루는 프로 세일즈 과정, 하루는 세일즈 매니저 과정으로 오픈하고 신청자를 받았다.

프로 과정은 다행히 서울에 있는 G사의 한 영업팀에서 신청했다. 20명이 한 해를 마무리하면서 여행 겸 세미나도 듣고 새해를 설계하기 위해서라고 했다. 매니저 과정은 나의 책을 여러 권 읽은 독자가 자사는 물론 여러 회사에 홍보를 적극적으로 해주어서 진행할 수 있었다. 그리고 제주 세미나 소식을 듣고 자사 초청 특강을 요청한 회사가 두 군데 있어 5일 일정으로 다녀올 수 있었다.

이틀은 북제주 한화콘도에서 세미나를 진행했는데, 폭설로 콘도 주변이 설국이었다. 세미나 끝나고 스파 테라피를 받았는데, 아직도 잊을 수 없는 경험이었다. 사우나를 하고 물 위에 누워 있으면 편안한 음악을 배경으로 온몸의 근육을 풀어준다. 건초 위에서 잠을 자고 차를 마시는 것까지 90분의 프로그램이 마치 10분처럼 지났다. 자정이 될 때까지 눈이 허리보다 높이 쌓인 호텔 주변 산책로를 걷고 사진을 찍으며 이틀을 영화 속 주인공처럼 보냈다.

사흘은 서귀포 해변 풍림콘도에서 묵었다. 가벼운 조식을 먹고 9시까지 출강을 외뢰한 회사로 출근해 오후 4시까지 교육을 마치고 콘도로 돌아와 관광하고 회 먹고 쉬면서 직원과 함께 일주일 동안 여행 근무를 했다. 돈을 버는 비즈니스를 하면서 하루를 1시간처럼, 할리우드 영화 주인공도 부럽지 않은 시간을 보냈다.

아들이 독립할 만큼 자라 엄마가 집에 없어도 문제없고, 남편도 5일쯤은 아내와 떨어져 있는 시간이 오히려 반가울 수 있는 그런 나이여서 더 자유롭게 즐길 수 있었다. 이삼십대 아름다운 청춘으로 돌아갈 수는 없지만 자유를 만끽할 수 있는 지금의 나이도 참 좋다. 부모님, 자녀, 남편에 대한 의무와 구속에서 벗어나 이삼십대에 가장 원했던 그 시점에 있으니 지금도 충분히 좋다. 아줌마라고 불리는 것쯤은 여유 있는 미소로 받을 수 있다.

아들 나이가 서른 살이 넘었지만 결혼하여 독립하지 않아 늘 밥은 먹고 오는지 사귀는 아가씨는 있는지 어떤 여성인지 결혼을 생각하고 만나는지 연연해했는데, 우연히 유투브 채널에서 법륜 스님의 즉문즉설 법문을 듣고 그래 맞아, 그래야지 하고 결심하게 됐다.

"부모의 책임은 아이를 스무 살까지 키우는 것입니다. 세 살까지는 사랑으로 보살펴주고, 어린 시절에는 화목한 가정의 모범이 되고, 사춘기에는 간섭보다는 가만히 지켜봐주십시오. 스무 살이 넘어 성인이 되면 스스로 살아갈 수 있도록 지원도 간섭도 하지 말아야 합니다. 독립된 인간으로서, 성인으로서 대우하라는 것입니다. 어떤 판단과 결정도 너의 결정을 믿고 지지하겠다는 독립된 인격체로 대하는 마음을 가지라는 것입니다. 간섭이나 지원이 길어지면 그만큼 나의 짐은 무거워지고 자녀는 불행해진다는 것을 알아야 합니다."

스무 살이 넘은 자식은 독립시켜야 한다는 말씀이 가슴에 닿았다. 그러나 요즘 세상에 스무 살은 현실적으로 좀 어렵지 않을까. 아들은 군대 다녀오고 학교 졸업하고 서른 살이 넘었으니 정말 완전독립체로 인정해주고, 우리 부부만의 독립국가로 살아보자고 단단히 마음먹는다.

생각도 마음도 당연히 그래야 한다고 결심하지만 실천은 쉽지 않아 말이 먼저 튀어 나온다. "아들, 새해에는 담배 끊어보지." "아들, 새해에는 꼭 결혼해야지." 하는 말이 툭 튀어나온다. 입을 막고 혀를 깊이 감추면 몸이 어느 곳에 있어도 편안하다고 하는데 어렵다. 내가 서른 살일 때 부모님 말씀에 귀 기울였던가 생각해본다. "운전 조심해라, 눈 오는데 차 두고 회사 나가라, 피곤한데 하루 쉬어라……." 자식을 위해 옳고 좋은 말씀만 해주셨건만 무조건 귀찮아했다. "그만 좀 하세요. 제가 지금 세 살 어린애예요?" 마음으로 새기기는커녕 귀로 듣는 것조차 거부했다. 자식을 독립체로 인정하고 우리 부부만의 독립 국가로 모든 의무에서 훨훨 자유롭게 살아가는 것도 훈련이 필요하다.

삶은 참 변수가 많다. 앞으로 어떤 일이 닥치게 될지 모르고, 나이가 들수록 생태적으로 용기보다는 두려움이 앞서는 것도 어쩔 수 없을 듯하다. 엄마는 경주에서 딸들과 마지막 여행을 하시면서 다음 여행을 꿈꾸셨고, 아들 등에 업혀 병원으로 가시면서도 한 달 후 세상을 떠날 것이란 생각을 못 하셨다. 며느리에게 당신 방 치우지 말고 그대로 두라고 당부하며 방문을 나섰다. 어머니 49제를 지내고 옷가지를 정리하면서 장롱 속에 깊이 숨겨둔 통장, 삐뚤빼뚤한 글씨체로 아들 딸 손자 생일과 전화번호를 적어놓은 수첩을 발견하고는 또 한번 통곡하고 말았다.

지금부터는 내 삶의 과정인 순간순간에 좋은 컨디션과 즐거운 행복감을 갖도록 최선을 다하려고 한다. 최선을 다한 결과는 좋든 나쁘든 받아들이게 된다. 남편에게도 하고 싶은 것 하고 원하는 것 하면서 마음대로 살아보라고 권한다. 큰 자본을 투자해 새로운 사업을 하는 일이 아니라면, 절대로 참견하지 않을 테니 정말로 원하는 대로 살아보라고. 단, 건강 습관을 잃지 않겠다는 규칙 하나만은 헌법처럼 지키면 된다고. 남편은 싱긋이 웃기만 할 뿐이다. 혼자 마음대로 사는 것보다 아내와 함께하는 것이 가장 나은 선택이라는 것을 알 만큼 철이 들었나 보다.

여자가 남자보다 10년을 더 산다는 데이터는 가족 모두에게 참 다행인 듯하다. 팔순에 혼자 건강하게 살아가는 할머니는 좋아 보이고 부럽기까지 하지만 팔순에 홀로되신 할아버지는 참 안돼 보인다. 남자는 나이 들어 꼭 필요한 세 가지가 '옆에 있어 주는 마누라', '아이들의 엄마', '공식석상에 함께 갈 수 있는 호적상의 부인'인 반면 여자는 '돈', '친구', '강아지'만 있으면 된다는 유머를 단순히 웃어넘기지 않게 된다. 부모가 나이 들면 자식이 보듬어주어야 하듯, 인생의 후반은 아내가 남편을 보듬어주고 리드해야 보다 건강하고 자유롭고 멋진 나날을 보낼 수 있을 것 같다.

오늘 이 아침의 밝은 햇살과 커피 한 잔으로도 가슴 뛰는 하루를 시작할 수 있다. '최고의 하루'를 외치며 업무 생산성을 위해 살았으니 절반의 삶은 '최상의 컨디션'을 위해 살아가려고 한다. 선물 같은 하루하루를 보내며 내일의 행복이 아닌 오늘의 행복을 느끼며 살겠노라 결심 또 결심한다.

엄마를 다시 만날 때 '엄마 늦둥이 낳아 힘들게 키우셨는데 저 열심히 살다 왔어요. 하루도 허투루 살지 않고 최선을 다해 눈이 부시게 아름답게 살다 왔어요. 저 잘했죠!' 하고 말씀드리고 싶다. 하나밖에 없는 아들을 사랑으로 키우고 화목한 모습으로 모범을 보여야 했는데 그러지 못했다. 절반의 삶은 '우리 엄마 아빠처럼 나이 들어가는 삶도 참 괜찮겠다.'는 기억을 꼭 남겨주고 싶다.

"오늘 이 아침의 밝은 햇살과 커피 한 잔으로도
가슴 뛰는 하루를 시작할 수 있다.
'최고의 하루'를 외치며 업무 생산성을 위해 살았으니
절반의 삶은 '최상의 컨디션'을 위해 살아가려고 한다.
선물 같은 하루하루를 보내며 내일의 행복이 아닌
오늘의 행복을 느끼며 살겠노라 결심 또 결심한다."

건강, 돈, 사람

강남 사는 연금부자(부부 합산 연금 7백만 원) 친구는 '나이 먹어서는 돈으로 해결하는 게 가장 쉽다'는 말을 한다. 그 말을 들을 때는 거부감이 팍 들었지만 차분히 생각하면 틀린 말은 아니다. 자기 체력으로 안 되면 돈 주고 도우미 부르고, 운전할 컨디션이 안 되면 카카오택시 불러 병원 가고, 집 앞 백화점 식품부에서 일정 금액 이상 구입하면 현관까지 배달해주고, 원거리 경조사는 두 배의 축의금으로 대신하면 된다는 말을 간단히 한 것뿐이다.

집 뒤편 광교산에서 주 3~4회 맨발 산행을 즐긴다. 맨발 걷기가 붐이어서인지 열 명 중 절반 이상이 맨발로 걷고, 대부분 오십대 이후인 듯하다. 연세가 있는 분들은 눈인사만 해도 꼭 묻지도 않는 당신들의 나이를 말한다. "내가 올해 예순아홉이고 내년에는 일흔이야." "나는 정부 나이로(정부에서 줄여준 나이) 칠십 하고도 팔이야." 그러면서 꼭 내게도 나이를 묻는다. 나는 어색할 뿐 아니라 굳이 말할 필요도 없을 것 같아 "아~예, 저도 먹을 만큼 먹었습니다." 하며 얼른 대화 주제를 돌린다. "그런데 전혀 그 연세로 안 보이세요. 아직 너무 멋지고 고우세요." 젊어 보이고 멋지다는 인사에 행복한 미소를 한가득 짓는다.

지하철에서도 종종 나이를 들먹이는 경우를 접하게 된다. "내 나이가 팔십이야." "나이 먹은 게 무슨 자랑이세요. 경로석이 따로 있잖아요." 나이밖에 내세울 게 없다고 하시는데 그냥 좀 봐드리지, 젊고 치졸한 건 무슨 자랑이세요 하고 묻고 싶기도, 쓸쓸하기도 하다. 백세시대를 여는 첫 세대로 나이를 내세워 경로 우대를 요구하지 않고 좋은 선배, 어른, 시니어로 살아가야지 다짐하게 된다.

: 노후 세대의 승자는 건강한 사람이다

병상에 누워 있다면 행복한 노후를 위한 계획과 노력은 모두 쓸모가 없어진다. 지하철을 이용하더라도 나이를 내세워

자리를 양보받지 않을 정도는 건강해야 자존감을 지킬 수 있다. 건강을 잘 관리하는 방법 또한 모두 이미 알고 있다. 기발하고 특별한 방법은 없고 기본을 잘 지키는 것이기 때문이다. 물병 하나 들고 속보로 하루 두 시간씩 한 달을 걸으니 매일 그 시간에 현관을 나서게 되고, 3개월이 지나니 효과가 조금 있고, 6개월이 지나자 체중이 확실히 줄고 체지방 수치, 고지혈증 수치도 정상 범위로 돌아왔다. 내일의 나를 위해 오늘의 내가 할 일은 건강 루틴을 실천하는 것뿐이다.

나의 건강 루틴

- 1년에 한 번 남편과 건강검진 받기
- 하루 세 끼 꼭 챙겨 먹기(야채나 과일 식사라도)
- 아침에 홍삼 한 컵, 종합비타민 한 알 챙겨 먹기
- 물병 들고 다니며 조금씩 마시기
- 하루에 30분 이상 스트레칭으로 근육운동하기
- 일주일에 3~4회, 두 시간씩 맨발 걷기(속보로 산책하기)
- 아침에 눈뜨며 행복한 시간으로 채우자 다짐하기

: 먹고사는 방법은 다 다르다

길어진 노후를 위해 안정적인 수입이 필요한데, 어떻게 해야 퇴직금 날리지 않고 안전하게, 즐겁게 일할 수 있을까? 하는 고민을 모두가 한다. 산책길에서 만나 인생친구가 된 이웃의 지인은 올해를 끝으로 초등학교 교장에서 은퇴를 한다. 퇴직금과 연금에 손 안 대고 할 수 있는 일을 고민하다 교장 훈장 버리고, 돈 욕심 안 내고 시간제 교사를 해보면 어떨까 하여 적극 응원했다. 은퇴 후라면 그동안 쌓아온 경험지식을 잘 관리하여 사회에 참여하면서 셀프 부양을 해볼 수 있다. 사회 선배 M씨는 은퇴 후 서울 아파트를 세놓고 속초로 내려가 월세와 연금으로 작은 아파트에서 부부만의 노년을 평안히 즐기고 있다. 노후의 모습은 각자 어떤 삶을 선택하느냐에 따라 다양하게 펼쳐질 수 있다. 남들의 시선이나 사회적 기준에 나를 맞출 필요가 전혀 없다.

행복한 삶에 많은 사람이 필요한 건 아니다

서로 각자 분주히 사느라 만나지 못했던 중학교 친구 셋이 종종 만나고 있다. 한두 달에 한 번, 한 명이 리더가 되어 그날의 비용과 장소를 정한다. 〈에델바이스〉를 부르며 청소하던 친구는 꼭 음악이 있는 장소로 안내하고, 강남 친구는 맛집 레스토랑으로 안내하고, 나는 산책길이 있는 장소를 선택하는 편이다. 만나는 순간부터 헤어질 때까지 십대 소녀로 돌아가 웃고 떠들다 보면 하루가 간다.

부모님 돌아가시고 소원해진 언니 오빠와도 자주 시간을 가지려 노력한다. "둘째가 어려워 보인다, 막내 네가 좀 보듬어라. 네 오빠 건강이 걱정이다, 전화라도 자주 해라." 어머니의 유일한 바람이었고, 내가 할 수 있는 효도이기 때문이다.

은퇴 전에는 직장 동료, 업계 인맥 등 관리할 사람들이 많고 다 중요한 사람인 것 같다. 그러나 은퇴 후에도 이런 관계를 유지하기는 쉽지 않다. 자칫 기웃거리는 모습으로 보이기도 하고, 돈과 지위 없이 만남을 계속 유지하기도 어렵다. 순수하게 보듬어줄 수 있는 친구 몇몇, 부모님에 대한 추억만으로도 함께 울고 웃을 수 있는 형제, 그리고 우리 가족이면 행복한 노년으로 충분하지 않을까.

내 나이가 몇이든 꾸준히 자기관리를 하면서 건강한 이미지를 가꾸고, 경제적 여유가 많지 않아도 누군가에게 도움이 되는 경험지식을 잘 관리하고 있다면, 계속해서 사회관계를 유지할 수 있고 기회도 발견할 수 있다. 이미 많은 사람들이 그렇게 멋지게 자신의 노후를 열어가고 있다. 인생의 한 무대를 끝내고, 그 경험과 지식으로 진짜 원하는 인생을 살기 위해 다시 출발선에 선 당신을 진심으로 응원한다.

"내 나이가 몇이든 꾸준히 자기관리를 하면서
건강한 이미지를 가꾸고, 경제적 여유가
많지 않아도 누군가에게 도움이 되는
경험지식을 잘 관리하고 있다면,
계속해서 사회관계를 유지할 수 있고
기회도 발견할 수 있다. 이미 많은 사람들이
그렇게 멋지게 자신의 노후를 열어가고 있다."

오늘 이 시간의 행복

시어머니의 여든아홉 번째 생신날 저녁이었다. 아침 생신상에 올렸던 음식들을 가볍게 데워 저녁 식탁에 앉았다. 우리 부부와 어머니뿐이었다. 시동생은 아내가 친구들과 유럽 여행을 떠나 "이번 생신은 참석 못해 죄송하고, 내년엔 꼭 참석하겠다"고 전화가 왔다. 출근하는 며느리 대신 애지중지 키운 손자는 취업 준비에 한창이라 도서관에 있었다. 아들, 손자에게 서운해하는 것도 잊으셨는지 음식 솜씨가 변변치 못한 것이 민망할 정도로 어머님은 맛나게 드셨다.

"어머님은 하필 한여름에 태어나셔서 음식 준비하기도 힘들고 여러 가지 차리지도 못하게 하세요."

"그러게 말이다. 그래도 다 맛있다. 잘 먹었다."
"어머니, 커피 한 잔 드릴까요?"
"그래, 한 잔 줄래."

어머님은 믹스커피를 입맛까지 다시며 드신다.

"어멈아, 커피가 아주 맛나다. 한 잔 더 먹고 싶다."
"어머니, 잠자리에 커피 많이 드시면 안 좋아요. 주무시고 내일 드세요. 내일 아침에 맛있게 타 드릴게요."
"그럴까."

못내 아쉬운 듯 커피잔을 바라보시더니 반쯤 구부러진 허리를 펴 TV에 시선이 고정돼 있는 아들의 옆얼굴을 한참 올려다보고는 무릎을 짚고 방으로 들어가셨다. '노인들은 왜 커피를 저렇게 좋아하시지. 맛을 알고 드시는 걸까? 우리 엄마도 생전에 커피 한두 잔은 꼭 드셨는데.' 다음 날, 입맛을 다시며 아쉬워하셨던 커피 한 잔과 과일을 들고 어머니 방을 노크했다.

"어머니 일어 나셨어요."
"어머니 아직 주무세요?"

요 위에 반듯하게 누워 계신 어머니는 흔들어도 아무 반응이 없으셨다. 119 구급대원이 간이침대로 옮기려 하자, 어머니는 눈을 힘들게 잠깐 뜨시더니 아들 손을 꽉 붙잡으셨다. 잡은 힘이 너무 세서 누구도 풀지 못해 아들은 함께 타야 했다. 아들 손을 마지막으로 잡기 위해서였는지, 나 아직 살아 있다는 말을 하려 하셨는지 잘 모르겠다.

어머니는 병원에서 일주일을 계시다 돌아가셨다. 사흘은 옆에 있는 아들 며느리 손자의 손을 너무 꽉 붙잡아 병원을 나서는 발걸음을 무겁게 했다. 의사는 마지막 죽을힘을 다하는 것뿐이지 희망은 없다고 했지만, 가족 모두는 내일이면 눈을 뜨실까? 손자는 알아보실까? 매순간 연연했다.

"어미니 큰손자 왔어요."
"어머니 손녀딸 왔어요."

사흘이 지나자 더 이상 손을 잡지 못하셨다. 손을 쥐어드려도 이내 떨어뜨렸다. 너무 정갈하여 전생에 기생이었나보다는 농까지 들으셨던 어머니는 며느리 손에 세안 수발을 받은 지 3주 만에 생신상을 드시고 떠나셨다. 맛나다, 맛나다 하며 아쉬워하셨던 커피를 제상에 올려놓으며 속삭인다.

"어머니 정말 죄송해요. 겨우 목욕 세 번 시켜드리면서 핀잔 드려서, 어머님이 그렇게 귀하게 키워주신 손자와 마지막 생신상을 함께하지 못하게 해서, 커피 한 잔 더 드리지 못해서. 맛나게 드시고 가세요."

시어머니의 마지막 생을 곁에서 함께하면서 내 몸을 스스로 깨끗이 씻을 수 있고 음식의 맛을 즐길 수 있는 오늘이 얼마나 큰 축복인지 알게 되었다. 그러나 몸을 씻을 수 없어도, 음식을 먹지 못해도, 자식의 손을 부여잡을 힘이 남아 있는 순간까지는 희망을 가져볼 수 있고 자식의 체온을 느낄 수 있어 얼마나 간절하고 소중한 시간인가.

아름답게 보이기 위해 거울을 보며 화장하고, 돈이 많고 적음을 떠나 사람들과 함께 무엇을 해보기 위해 일터로 출근할 수 있는 오늘 이 시간을 헛되이 보내거나 불만을 늘어놓는 것은 죄를 짓는 것이라는 점도 알았다. 오늘 이 순간의 소중함을 직접 경험하기 전에는 모르기 때문에, 평생 배운다는 말의 의미도 깨닫게 되었다.

오늘도 내일도 '마이 라이프 뷰티풀'로 꼭 살아낼 생각이다! 어머니, 엄마에게 못다 한 효도를 조금이나마 할 수 있는 유일한 방법이기 때문이다. 하루쯤 못 잔다고 죽지 않는데 엄마 혼자 병실에 두고, 자두어야 내일 또 일한다는 핑계를 대며 병실 문을 나선 한심한 딸이었다. 그날 밤이 엄마가 보낸 이 세상 마지막 밤이 될 줄도 모르고. 엄마를 다시 만날 때 "엄마 저 최선을 다해 열심히 살다 왔어요."라고 말씀드릴 수 있어야 덜 죄송할 것 같다.

겨우 아장아장 걸음마를 떼던 어린 아들이 엄마 품을 떠나지 않으려고 기절할 듯 울며 거실 바닥을 기어 나와 매달리는데, 너를 위해서 일해야 한다는 명분을 내세우며 악착같이 출근했던 독한 엄마였다. 어린 아들은 저 혼자 훌쩍훌쩍 자라 그때의 내 나이가 되었다. 최소한 좋은 삶의 흔적은 남겨주어야 엄마일 것 같다.

모닝콜을 끄고 5분만, 5분만 하며 게으름을 피우다 초를 세며 샤워를 하고, 거울 앞에서 매무새를 가다듬고, 남편이 꿀 한 스푼을 넣어 타 주는 생식을 마시고, 과일과 커피를 들고 차에 오르는 오늘 아침이 행복하다.

주말엔 직접 수확한 감자로 전을 부치고, 소면을 넣은 골뱅이무침을 해서 테라스에서 남편과 막걸리를 먹어야겠다. 이틀 뒤면 벌써 주말이다. 눈이 내려주면 하늘의 축복까지 덤으로 받는 날이다.

살아온 날만큼이 더 남아 있는 오늘은 얼마나 큰 축복인지. 그것도 지금껏 살아온 실패와 성공의 경험을 가지고 다시 살아볼 수 있다. 새 집으로 이사해서 전자제품을 모두 새것으로 바꾸고 시작하는 것과는 차원이 다른, 인생을 통째로 다시 시작해볼 수 있는 절반의 삶이 남아 있다.

브라보 마이 라이프! 뷰티풀 마이 라이프!

늦었다고 포기하기에
오십은 너무 젊다

1판 1쇄 발행   2025년 6월 23일

지은이   신윤순
펴낸이   신현숙

디자인   미래출판기획
인쇄·제본   한결그래픽스

펴낸곳   어썸그레이
주소   경기도 김포시 양도로9, 4층 454(풍무동, 나린플레이스)
등록   2023년 12월 12일 제409-2023-000102호
이메일   awesomegrey@naver.com
전화   070-7607-4624

ISBN   979-11-988953-2-5 (03800)